JN065334

企業人から大学教員になりたいあなたへ

元電通マンの大学奮闘記

横山 陽二
Yoji Yokoyama

ゆいぽおと

はじめに

とある親睦会の新年会に出席したときのことである。「企業人から大学教員になることはできるのか」と、たまたま同じテーブルに座った大手飲料メーカーの名古屋支社長から質問された。また、同じ会でもう一人、三十代の会社経営者には「どうしたら大学教授に企業人からなれるのか」ときかれた。前者は、退職後に残りの人生の生き方の一つとして、後者は、ネクストキャリアとして大学教員を考えているという違いがある。しかしそのどちらも、キャリアを生かした転身を考えてはいても、どうしたら大学教員になれるのかというその手法がわからないのである。具体的なことは後の章で紹介することとするが、実はこのように大学教員に魅力を感じている企業人はたくさんいることを知り、この書の執筆に至った。

そこでまず、企業人と大学教員をとりまく「文化の違い」について触れてみたい。

それまで企業人として仕える側の人間であったものが、いきなり「先生」と呼ばれることに戸惑いを覚えたのを今でもはっきり覚えている。「文化の違い」をいちばん感じたのは、その「先生」方が開いてくださった歓迎会であった。ナイフとフォークでフランス料理をいただきながら、教養ある会話で盛り上がる大学の歓迎会は、今までの人生のなかでもっとも品よく過ごしやすいものだった。電通の新入社員歓迎会（名古屋支社）といえば、歓迎とは名ばかりで、新入社員からすれば虐待会の様相でしかなかった。当時は、コンプライアンスが今ほど厳しくなかったため、歓迎会の催しは過激なものであった。入社した一九九二年は、バルセロナオリンピックの年であったため、古代ローマに因み、新入社員九名（全員男性）が古代ローマ式の十種競技と称した出し物を、古代ローマのオリンピア同様、つまり裸で、自己紹介からやらされたりした。この歓迎会を例にとってみても、電通という会社は当時の時代背景もあるが、きわめて特殊な企業であるということをご理解いただき、その辺は割り引いて読んでいただけたら幸いに思う。

第一章では大学専任教員になるまでどう生きてきたのかをまとめた。第二章では、いよいよ教員になるための準備にどういったことをしてきたかを、第三章は、大学人の基本的な活動である「教育活動」について記し、第四章では「研究活動」、第五章では「社会貢献活動」について、企業人から専任教員になった他の人の事例も交えながら紹介していきたい。そして、第六章では専任教員として採用されるにあたり知っておきたい、企業人では知り得ない「大学運営」についても、採用に関する注意ポイントとしてお知らせしたい。第七章では教育であり研究でもあり、また社会貢献にも関連している大学での私のゼミ〝横山ゼミナール〟の活動を具体的に紹介したい。そして、教員としての活動の可能性や、企業や自治体などとの連携について触れていきたい。最後に第八章では、企業人の視点から大学の課題と可能性について述べたい。

企業人から大学の専任教員となった者の行う「教育活動」は、それぞれが経験してきた環境を大きく反映する。それは、アカデミックな視点からだけでは得られない貴重な「教育活動」となる。それこそが、これからの大学の活力となり、大学教員として活躍できる本人だけでなく、学生にとっても有意義なことであると、この八年間の専任教員経験で確信している。

企業人から大学教員になりたいあなたへ ―元電通マンの大学奮闘記― もくじ

第七章　横山ゼミナール　133

第一章　大学専任教員になるまでの軌跡

電通までの道のり

そもそも、なぜ電通人が大学教員になったかということは、生い立ちや今までのキャリアにもその要因があると考えるので、ここではそのことについて触れさせていただく。

名古屋で曽祖父の代から病院を経営する家に生まれ、優秀な姉と兄の下、両親の温かい理解のおかげで、勉強もせずにのびのびとした小学生時代を過ごした。地元の進学校に進んだ姉と兄は常に成績はトップクラスであり、周囲は常にその兄弟たちと比較してきた。現役で東大医学部に進学した兄には敵うはずもなく、お気楽だった小学生が死ぬほど努力して入った同じ中高一貫の進学校でも教師から比較され続けた。そこで、知らず知らずのうちに「選択と集中」という手法をとったのである。つまり、中学からスタートする科目である英語と、努力で何とかなる日本史に特化して勉強に取り組んだのだ。全科目では兄に到底敵わないが、一科目であれば自分でも勝てるのではないかと、経営でいえば強みを活かす「コアコンピタンス経営」を実践したのである。当時はほぼ全生徒が中学から英語学習をスタートさせたので、同じスタートラインから始められた。その勉強方法も特殊で、中学時代は教科書を全部カセットテープで聞きながら丸覚えするというものであった。これは幸運にも指導を受けることができた名古屋大学名誉教授の佐藤一夫先生（シェイクスピア研究者）発案の指導方法であり、先生が実践してみたかった指導方法であった。文法を学習するより前に教科書にある英文を暗唱させることにより英語を身につける教授方法で、何度も何度も繰り返しテキストの内容を暗唱することを求められた。寝る前に聞いていたので、しまいには英語で夢をみるまでになり、カセットテープが擦り切れるほどだった。こうした勉強方法が功を奏し、中学三年生の夏休みに行った米国フィラデルフィアでは、苦労することなく、ホームステイ先のホストファミリーと会話することができるまでになった。高校になると、うって変わって英文法中心の学習となり、辞書を片手に徹底的に文法を叩き込まれた。

こうした徹底的な英語教育と、好きだった日本史という二つに特化して「選択と集中」と「コアコンピタンス経営」を中高時代に身につけることによって、学校での成績も上がり、念願であった早稲田大学に入学することができた。

高校の大先輩海部俊樹元総理大臣に憧れて政治家をめざしていたので、早稲田大学政治経済学部に入学した当時は、雄弁会で活躍した海部先輩に倣い政治実践サークル（鵬志会）に入部した。当時は総理大臣になる前で文部大臣として名をはせていた海部氏には、中学時代こんな逸話が残る。学校校舎の最上階でタバコを燻らせていた海部先輩を校長が見つけ、そのモヤモヤした気分を弁論にぶつけてはどうかと弁論部に誘ったそうだ。以来、海部先輩は弁論に目覚めて政治家を志し、中央大学に入学した後に早稲田大学に入りなおした。海部氏は、学生時代には衆議院議員で早稲田ＯＢの河野金昇氏に書生として仕えた。後に地盤を引き継ぎ、政治家として総理を務めるまでになったのである。その先輩の逸話に憧れ、多くの政治家を輩出している早稲田大学を選び、政治家になることを夢見て学生生活を送っていた。事実高校の卒業アルバムに「将来、教育改革をするために政治家になる」と宣言していたほどであった。東京の私立で早稲田の双璧といえば慶應義塾大学である。当時の慶應出身政治家の経歴は九割が二世議員であったため、二世ではない自分には草の根からの早稲田の方が性に合っていると、モテる代名詞であった〝慶應ボーイ〟はあきらめ、早稲田を選択したのだった。

大学生活といえば、政治家への夢に一直線で、当時中曽根総理が英語でレーガン大統領と話をしていたテレビ映像をみて、英語のディベートに挑戦したり、早稲田大学鵬志会で政治家の秘書や政策勉強会を経験したり、また、中曽根総理が次期首相候補者である竹下、宮沢、安倍各氏とゴルフをしているのをみてゴルフサークルに入部したりと、政治家になるための活動一色であった。政治家に必要な体力をつけるために、テニスサークルにまで入部していた。

ディベートでは、一年生のときに上智大学主催のディベート大会で上位二チームに入賞するという実績をあげ、政治サークルでも都議会議員選挙のお手伝いをし、岸元首相に近い清原淳平氏が主宰していた「世界を知り日本を知る研究会」に顔を出し、日本の対米外交や防衛政策について学者や企業人に交じり勉強して着実に政治に必要な教養や能力と人脈を身につけるために学生生活を設計していた。当時の早大は、講義出席は割と自由であり、学生のほとんどが最低限の出席以外は、自分たちの興味のある分野に夢中であった。小説や映画、演劇に打ち込んでいる友人たちも多くいたので、政治家になるために学生生活を送っていても何も不自然ではなかった。講義より自分の興味を優先した学生生活だったばかりに、社会人になってから大学を卒業していないという悪夢にうなされ、夜飛び起きて卒業証書を確かめたほどであった。今思えば、せっかくの機会にもっと自分の興味のない分野も勉強しておくべきだったと反省している。しかし、そうした学生生活のなかでもいちばん勉強したのは、三年生からスタートしたゼミであった。アメリカ大統領選挙の研究で知られる吉野孝先生のゼミに参加し、選挙制度改革についてイギリスの事例を研究した。派閥政治や金権スキャンダルを生み、自民党の一党優位性を持続させている当時の中選挙区制を、小選挙区の下で、歴史的に政権交代を繰り返しているイギリスのような政治システムにする必要があると考え、選挙制度改革をゼミ論のテーマとした。こうしてゼミで選挙制度の形態や歴史を研究する一方、政治サークルでは現実の政治活動を実践して双方の問題点が浮き彫りとなり、ゼミ論ではそのことについてまとめた。

このゼミでの学習とサークルにおける実践をリンクさせるやり方は、教員になってからの横山ゼミに活かされている。

こうした学生生活を三年過ごしたところで、自分がめざしている政治の世界と、自分が将来取り組みたいことに大きなズレが生じ、自分が本当にやりたいことは何なのかを考え直す契機となった。政治家になることが自分の目標ではあったが、その先何をしたいのかを考えたところ、日本の魅力を世界に発信することであるという結論に達した。政治家らの手法では、なかなか到達するのに時間のかかる目標も、ビジネスをとおしてできる広告会社や総合商社では可能なのではないかと思い、政治の世界からビジネスの世界へ方針を転換したのである。

学生時代に政治家をめざすあまりに、対人関係において論破するなど攻撃的すぎる一面はこの先問題となるのではないかと感じ、もう少しのんびりと楽観的な思考を身につけるために、ハワイに留学することにした。観光地として有名なハワイで、観光だけでなく広告やビジネスを学び、すこし政治の世界から離れてのんびりとした生活をしてみようと思った。批判的思考（クリティカルシンキング）から脱却し、超ポジティブシンキングを身につけることができたのは、南の楽園ハワイならではのことだろう。現地の大学では、政治学から離れて広告論、マネジメント、コンピューターなどビジネスに必要な学問を履修し、広告代理店の電通や総合商社の三井物産についてレポートをまとめて発表を行った。ゴールデンウィークに帰国したときには、日本ではすでに就活が始まっており、ゴルフサークルと英語サークルの先輩に促され慌てて電通に資料を取りに行くと、その場で一次面接が行われた。ジーンズとポロシャツ姿のまま面接を受けた。良くその恰好で面接を通ったものだと今になって思うが、その後に数度あった面接の際に話した大学時代の政治実践活動や留学経験が評価されたのか、無事第一希望の電通に内定を得ることができた。

中高時代は、海外でのホームステイなどの国際交流と、英語や日本史の勉強に明け暮れていたため、普通の中高生の部活を中心とした学生生活を経験してこなかった。大学では、政治に特化した生活を中心としていたため、ハワイでゆったりしたとはいえ、チームワークが要求される社会人となって、とても苦労することとなった。「選択と集中」の弊害で、不得意科目や自分の嫌いな分野の業務には苦手意識が芽生えて知らず知らずのうちに避けるようになっていた。

こうした自分の経験も踏まえ、大学での教育では学生に自分の好きな分野だけでなく苦手分野にも取り組ませ、チームでゼミ活動をさせることによりチームスピリットの大切さを学ばせ、相手を思いやることと自分の役割を自覚するグループワークを必ず組み込んでいる。

社会人としてのキャリア

社会人としてのキャリアでまず希望することは、本社配属となり社の中枢で働くことであろうが、地方、とくに地元である名古屋に興味があったので名古屋支社への配属を希望した。希望通り名古屋支社勤務となり、新聞一部に配属された。新聞一部では、地元で圧倒的なシェアを誇る中日新聞の企画担当を任された。中日新聞が手掛ける文科省の巡回イベントである全国生涯フェスティバルでは、シンポジウムを五件担当し、企画からスポンサード、そして実践まで行うプロデューサー業を経験することとなった。学生時代に講演会の企画や実施を経験しており、シンポジウムもたくさん聴講していたので、得意分野だと自負していたものが、先輩からは「企画書が論文みたいに固く、斬新なアイデアもない。企画力も弱い」と手厳しい指導をうけ、一年間はかなり鍛えられることとなった。政治家志望の一点張りで、世の中のファッショントレンドや最先端の流行というものに疎く政策のような企画書だったに違いない。ここから得た経験が、後に教員になった今、学生たちにどのように柔軟な発想を持つ〝やわらか頭〟を作っていくのかという教育への試みへと繋がっている。

この生涯学習フェスティバルで、愛知学院大学にスポンサーとなっていただくことができた。このときに初めて大学という組織と業務で向き合った。大学時代の政治サークルなどの人脈を活かし、愛知学院大学での海部元総理の基調講演企画を成功させることができた。その後営業に転じてからも、大学にご縁をいただき、私の出身である東海学園が新設した東海学園大学の担当となった。東海学園大学では、六年にわたりシンポジウムを企画からプロデュースまで担当した。

その後営業時代の激務から体調を崩し、一九九八年七月からマーケティング部への異動となった。しかしそこでも大学組織に携わる幸運に恵まれ、南山大学や愛知工業大学などのコミュニケーション企画業務を担当することとなり、思いがけず大学ビジネスにかかわることとなった。この時期に、大学関連のコミュニケーション戦略企画や、調査業務を通して大学関連人脈が増えていった。現在勤務する名古屋外国語大学を紹介いただいたのも、この時期知りあった人脈によるものである。名古屋支社時代の業務は、大学教員と法人事務局（特に広報担当）との打ち合わせが多く、大学コミュニケーション活動の支援を手がけていたこともあり、大学教員に興味を持つきっかけとなった。

もともと政治に興味があったことから、入社時からずっと日本政府のプロジェクト業務にかかわりたいと思っていた。具体的には万博業務をやってみたかったのだが、名古屋支社では、やりたい仕事をやらせてもらえるほど、人事は甘くなかった。名古屋支社で五年程度いろいろな業務経験を積んでから、東京本社で政治関連のプロジェクトにかかわりたいというキャリアビジョンを持っていたが、実際には、名古屋支社から本社に異動するまでに十年かかってしまった。そしてそこから日本政府のプロジェクト業務に到達するには、さらに一年かかってしまった。名古屋支社時代に配属された新聞部、営業部、マーケティング部、海外メディア部の経験が、本社に異動してから大きく役立つこととなった。とくに、マーケティング部の経験は後の大学への転職のきっかけともなった。体調不良となり、営業部からマーケティング部へ配属となったが、そこで得た知識と経験は、日本政府のプロジェクト開発を手がける部署への業務にも大いに助けとなった。日本政府のプロジェクト開発では、観光立国や地方再生などのプロジェクトを担当するソーシャル・プロジェクト部に所属となり、学生時代からの目標であり入社以来ずっと希望していた、日本の魅力を世界に発信するプロジェクトにもかかわれるようになった。こうして、忙しくとも充実感に満たされた毎日を東京で過ごしていたところ、名古屋支社時代に知り合いとなった名古屋外国語大学の職員から、名古屋外国語大学に新設された学部で、現代広告論を開講したいので、非常勤講師として是非担当してもらえないかと打診された。当時は、日本政府の政策広報や観光立国、そして地球温暖化問題の周知などに携わっていた。業務に必要な範囲で、社内セミナーを受講して最新のコミュニケーション活動について勉強はしていたものの、どちらかというと広告業務の本筋からは離れていた。しかし、今後の政府広報業務やプロジェクト推進業務にも、広告やメディアについて講義できるまで勉強することはプラスになるとこの機会をとらえ、通常業務の合間にする講義準備は大変になるだろうと覚悟してこの申し出を受ける決心をした。

学生に向けて、広告を理解してもらい面白いと思ってもらうように講義をするには、かなりの事前準備が必要となり、一年かけて通常業務のない週末には広告関連の本を読み、多くのセミナーを聴きに行っては、ノートにまとめて講義録の作成を少しずつ進めていった。幸いにも、名古屋支社時代に多くの部署を経験したおかげで幅広いコミュニケーションの知識と実務経験が役に立ち、思った以上に講義録作りははかどった。とりわけ、体調不良でマーケティング部にいたときは、とにかく知識が必要とされたので、たくさんの本を読み漁ったことが功を奏した。そして、二〇〇五年の夏に集中講義という形で、記念すべき初講義を受け持った。一年かけて用意した講義録を引っ提げて、満を持しての講義であったが、その初日は散々であった。三日間で十二コマ（一コマ九十分）担当するということは、一日に四コマも講義を行わなければならなかった。これが想像以上の重労働で、初日からあと二日ももつのだろうかと不安になった。大学の授業というものは、当たり前だが講義の準備から当日の運営まですべて自分ひとりで担当しなければならない。会社ではどうだったかというと、企画書の得意な社員が企画書を書き、前準備に必要な資料は調べてくれるスタッフがいて、自分は得意なロビー活動や用意された資料を基にプレゼンテーションに徹すればよかったのだ。そうした分業は大学にはない。初年度の講義を終えた時点では、正直にいうと次年度は断ろうと思ったほど大学の講義は厳しかった。ところが、最終授業で講義内容についてのアンケートを学生に回答してもらったところ、大変な高評価で前向きなコメントがたくさん寄せられ、一年間の準備と疲労困憊した三日間の講義の苦労が報われた気持ちになった。ビジネスマンの拙い講義からも、学生が広告の魅力にはまるなんて、心から嬉しく思った。このときに初めて大学教員の醍醐味を味わったのである。

結局、二〇〇五年から六年にわたりこの集中講義を担当させていただいた。名古屋外国語大学の学生たちは、素直でとても一生懸命に授業に取り組む学生が多い。今もそれは変わっていない。名古屋外大に来る学生は、国際交流や留学に興味を持っているので、そうした感覚も中学時代から国際交流を経験している身としては親しみやすかった。こうしたことが教えることのモチベーションを向上させ、六年間という長きにわたって大変な集中講義を続ける原動力となった。学生からの高評価は、大学法人（中西学園）にも伝わることとなり、四年目の二〇〇八年からは客員教授に就任し、大学教育へのさらなる関心を高めることとなった。ただ、当時は会社においても日本政府の政策広報や民間連携プロジェクト開発と実施など、入社以来やりたかった仕事を任され大変充実していたので、大学の教員になることなど考えてもいなかった。

そのころ（二〇〇六年）から電通では、環境プロジェクトに取り組んでおり、生物多様性に関する国際会議誘致に名古屋が名乗り出たという情報をキャッチした。当時の日本政府の環境プロジェクトでは、地球温暖化防止キャンペーンで博報堂にリードされていた。そうした背景もあり、生物多様性は政府の環境プロジェクトテーマというだけでなく、電通にとっても環境ビジネスや対環境省対策という意味においても重要なテーマとなった。加えて個人的には、出身地の名古屋で開催されるということもあり、生物多様性プロジェクトの開発に積極的に取り組んだ。その結果、二〇一〇年国連主催のＣＯＰ10プロジェクトを成功させるに至った。このＣ

ＯＰ10プロジェクト成功後は、社会的課題をビジネスで解決するソーシャルビジネスのプロジェクト開発に注力することになり、ますますビジネスが楽しくなってきていた。

大学専任教員へ

そんななか発生したのが、二〇一一年の東日本大震災である。情報の混乱や帰宅難民を目の当たりにして、東京に人、モノ、金、情報が一局集中することの危うさを思い知らされた。震災は、充実したビジネス人生を過ごしていた自分自身の価値観にも大きく影響した。二〇〇九年に四十一歳という同期のなかでも早い段階で部長に昇進したばかりで、過去に体調不良でサラリーマン人生が危ぶまれた時期のことを思えば、この上なく順調に充実した毎日を過ごしていたが、果たしてこのまま東京で命をすり減らしながら働き続けることが本当に幸せなのだろうかという気持ちが頭をもたげた。

そんなことを思いながら日々過ごすタイミングで、客員教授をしている大学から専任教員の話が舞い込んできた。名古屋外国語大学の現代国際学部に、二〇一三年新設される国際教養学科の専任教員就任の打診がきたのだ。定年より少し早期に会社を退職して大学教員になれたら理想的だと夢物語のように思っていたことが、四十歳そこそこで現実のものとなった。そこで、会社の人事制度にあるネクストキャリアを活用することを思いついた。ネクストキャリアという人事制度は、二十年勤務した社員に与えられる権利で、自分で探した出向先に二年を限度に在籍が認められ、その後転籍するかどうかを決められる画期的な制度である。二〇一二年にちょうど勤務二十年をむかえるので、その権利を行使できる絶妙なタイミングであった。会社では中堅社員となり、多忙ながらも業務内容にも満足して充実した日々を過ごしており、二〇一三年秋にオリンピック誘致が東京に決まれば、大学に二年出向したとしても、また電通に戻ればオリンピック事業に携われると考えていた。大学にネクストキャリア制度を利用した出向をお伝えしたところ、その方向での受け入れを考えてくれていた。大学の教員を経験できて、その上もし続ける自信がなかった場合は会社に戻れるというしっかり保険をかけた転職プランに、なんて自分はラッキーなのだと心躍らせて大学への出向準備にとりかかっていた。ところが、人事にも話をしてあとは会社にネクストキャリア申請をするだけとなった段階で、人事部長から会社に戻れるパターンのネクストキャリアが廃止される旨の連絡を受けた。つまり、大学に行くにはもう会社を辞めるしかなくなってしまったのである。二年間の受け入れ態勢をつくってくれている大学側に制度廃止を伝えたところ、出向でなく退職した場合には専任教員として受け入れてもらえるとの返答をいただいた。大学の専任教員という話は、このまま会社に残って実績を積んだ数年後にもしかすると業務の関連からどちらかの大学でもらえるかもしれないが、新しく設置される学科でしかも自分の興味ある国際関係で、はたしてあるのだろうかとずいぶん悩んだ。たぶんオリンピックは東京に決まるであろうし、生きている間に東京あるいは日本に夏季オリンピックが来ることはもうないであろう。そのオリンピック業務ができないのは大変心残りではあったが、教育に携わることをいずれはやりたいと考えていたので、この機会を逃すのはもったいないと思い、意を決して退職することにした。

高校の卒業アルバムに「将来は教育改革をやりたい」と漠然とした夢を描いていた。そしてそれを実現するには政治家の道だと大学時代は政治家への道に進むべくいろいろ経験をした。そして、方向性が見えた就活では「日本の魅力を世界に発信する」ことを目標に広告会社である電通に就職し、会社では下積みを経験してやっと自分の思う業務に就くこともできた。しかし、やはり教育ということに立ち戻らせてくれたのは大学での講義経験であり、そのとき受けた学生たちの素直なひたむきさに心動かされ、海外に留学するであろう学生たちが留学先で「日本の魅力を発信する」手伝いができたらと、専任教員になる道を選んだ。

第二章　専任教員になるために

前章では、電通を辞めて大学の教員になったいきさつを知っていただいた。大学で非常勤講師を務めるまでは、大学の教員になるということは頭の片隅にもなかった。そもそも大学院卒でない者が、非常勤講師はまだしも、大学の専任教員になることができることなど知りもしなかった。ところが大学の現場では、大学院に行っておらず修士号や博士号を取得していない教員は実は多い。前章の経歴からもおわかりのように、学士号（政治学）は持っているものの、博士号はおろか修士号も持っていない。それでも大学の専任教員に採用されている。短期大学卒の教員も複数いる。つまり、大学教員になるためには大学院卒は必須条件ではない。博士号や修士号は研究や教育のために持っているに越したことはないが、採用に関しては必ずしも持っていなければいけないということではないようだ。世界的な建築家として著名な安藤忠雄氏は工業高校出身だが、ハーバードやコロンビアといった名門校の客員教授に就任している。それは外国の大学に限ったことではない。安藤氏は東京大学の教授でもあることは有名である。小中学校の教員になるためには、教員免許が必要であるが、大学教員には免許は必要ないのである。

まず大学院にいってから大学教員を考えるという必要がないのはおわかりいただけたと思うが、では、どうすれば大学教員として採用されるのか。また、教員としての採用が決まってからはどのような準備が必要なのか、私の経験をもとに書き進めていくこととする。

○大学教員いろいろ

大学教員へのキャリアパスで一番の王道は、大学院に進み博士号を取得することである。では、博士号を持ってさえいればすぐに大学教員になれるのかといえば、そうでもない厳しい現実がある。多くの大学院卒がいるなかで、教員採用されるまでには長い道のりがある。実際に、博士号を持っていても大学の専任教員ではなく、多くの大学を掛け持ちして非常勤講師として働いている教員は多い。つまり、大学時に大学教員をめざしている方は、修士号や博士号は必要条件ではあるが、十分条件ではないのである。

今、大学の現場では、多くの民間企業出身者が活躍している。勤務している名古屋外国語大学の現代国際学部には、航空会社から出向している教員や、元航空会社のグランドスタッフ出身の教員が在籍している。というのも、推薦入試で受験する高校生の七割程度が、将来は航空業界で働きたいという意向を示すからであろう。毎年推薦入試で面接官を務めていると、将来の夢は客室乗務員やグランドスタッフになりたいという高校生が多い。学生のニーズに合わせて教員の採用がなされているのである。私が所属する国際教養学科は、学生数が百人程度で、専任教員は十一人程度の小規模な学科であるが、教員の半数がアカデミア出身で、残りの半数が私を含めて企業出身である。自分で決めた出向先から戻れるネクストキャリアが廃止されたので、結局は出向契約ではなく退職して転職したのだが、同僚には日系航空会社から出向している教員もいるし、当初特任教員として出向で勤めていたが、転職して専任教員として勤務している者もいる。このように企業出身者には教員採用について多様なキャリアパスがあるといえる。これには大学が就職予備校と呼ばれている時代背景もある。就職先を見据えたキャリア教育が大学教育のなかで必要となってきたからである。大学がレジャーランドといわれていた時代には、学生は授業に出なくても試験をパスしさえすれば卒業して勝手に就職していった。今のように手取り足取り大学教員が就職活動で学生を指導することもなかった。

一九九〇年代後半、電通名古屋支社内に大学広報プロジェクトが立ち上がった。その当時から、すでに大学の人気は就職実績に左右されるという調査結果が出ていた。そこで、当時も愛知県内の大学は、日経新聞を活用して有名企業に就職した卒業生を登場させて宣伝するなどの企画広告を出稿し、就職に強い大学イメージを打ち出して、企業にむけて就職対策を行っていた。それが功を奏し、就職実績が高い学科は必然的に人気が出た。それは学校推薦にも反映された。一九八〇年代の大学入試といえば、二月に行われる一発勝負の入学試験を受験する学生が多かったが、少子化の現在は、各大学が多様な学生を確保するために、入試自体を多様化している。とりわけ学校推薦などの推薦入試を主とした年内入試でどれだけの学生を確保できるかが学部経営や学科経営を左右し、偏差値を決める大きな要因となっている。勤務する大学の学部では、定員の半数以上の学生を年内に確保し、残りの定員を二月、三月に行われる複数回の入試で少数選抜する方式をとっている。そのため、必然的に推薦入試以外は狭き門となり、偏差値も上がるという仕組みができている。多様な学生を確保する推薦入試に大きく影響するのが、大学が行うオープンキャンパスである。どこの大学も、七、八月の夏休み期間に高校生を対象として学内を見学してもらったり、模擬講義を聴講してもらったり、あるいはサークル活動を見てもらったりして、広報イベントに力を入れている。このオープンキャンパスで、高校生が推薦入試で応募したい大学や学部、学科を決めていることが多い。

オープンキャンパスのような広報イベントでは、企業出身の教員は大いに力を発揮する。たとえば、名古屋外大はエアライン業界の就職率では中部地区で実績No.1である。将来航空関連産業で働きたい夢を持つ多くの学生がオープンキャンパスにやってくる。そのときに客室乗務員やグランドスタッフを経験した企業出身教員は、高校生の憧れの対象となる。こうした客室乗務員やグランドスタッフ出身の教員に、高校生は直に勤務体験や採用活動についての話を聞きたがるので、オープンキャンパスの学科個別相談コーナーでは、面談に長い待ちが出るほど人気となる。私と同世代が八〇年代に過ごした大学とは大きく異なるのである。こうした時代の変化が、企業出身者の大学教員への転職を後押ししているといえる。

名古屋外国語大学は、二〇一八年に開学三十周年を迎えた若い大学であるが、近年の偏差値は55ぐらいまで上がってきている。その背景には、高い就職実績がある。それに一役買っているのが企業出身の教員であり、そうした教員の採用が可能であるのは、学部だけでなく大学を経営する学校法人の経営方針や人事に対する考えが大きいのではないかと思われる。その詳細は推測でしかないが、新しい大学であればあるほど柔軟な考えを持っていて、大学経営や学部にとって必要な企業人採用に積極的なのではないか。一方、国公立大学や早慶などの伝統校ではこのような採用はあまり聞かない。つまり、修士号や博士号を持たない企業人が採用されて活躍できる可能性があるのは、比較的歴史が浅く、大学経営に敏感な感覚を有した学校法人が設置する大学であろう。なお、すべての大学はホームページ上で専任教員の学歴と職歴を公開しているため、興味ある大学のホームページを覗いてみるといろいろな発見があるのではないか。ぜひ、企業出身者が多く在籍している大学を探し当てていただきたい。

○企業出身で大学教員になるには、どのようなルートがあるのか

大学院を出ていなくても、大学によっては専任教員になる事例があることをご理解いただけたと思う。大学が就職予備校といわれる時代、経営感覚に優れた大学では社会への出口を意識して企業人を非常勤講師や専任教員として雇用するケースが多く出てきている。前述したような、企業から一定の期間出向で教員として働く特任教員もいる。

企業から別の企業に転職するには、転職サイトの活用やヘッドハンティング会社に登録するなどが有力な手法である。では、大学教員への転職はどのようにすればよいのか。そのきっかけづくりの方法を具体的にお伝えしたい。そして、採用される段階で避けて通ることのできない研究業績評価についても述べておきたい。

一　教員募集に応募する

大学によってはホームページなどで教員の募集が出ることがあるので、まずはこれまでの業務を活かせるような学部や学科のある大学について、こまめにチェックすることをお勧めしたい。ただ、この募集を見てエントリーするだけでは、採用に至るのは難しい。採用されたいと思う大学で働いている教員に、学会や研究会などの場で知り合っておくべきである。教員であれば、採用の募集状況について把握しているので、募集が出た段階で声をかけていただけるような人間関係を築いておくことが重要である。これは企業の採用と同じである。二十年勤務した電通では、中途入社の社員が多数働いていた。転職サイトでの募集や新聞広告を見て募集してきた転職希望者が社員になることもあるが、かつての競合相手や出入りしている業者など取引先から社員になった事例も多い。これと同じように、教員や学校法人幹部と面識がある方が採用に有利となる。企業出身で現在大学教員をしている知人は、大学でゲスト講師として講義したのを機に大学関係者と知り合いになった。その大学関係者より教員募集情報を聞き、公募に応募したところ、海外で博士号を取得した研究者と競合することとなった。審査する教員の前で模擬講義をしたところ、見事企業出身の知人が採用された。一見、海外で博士号を取得して学歴や研究実績で高い評価を受ける応募者の方が大学の採用には有利に見えるが、実はアカデミックな実績では推し量ることのできない面で採用は決定されていたりする。日頃から大学関係者と付き合いがあれば、性格や人柄も知れていて、昨今問題となるハラスメントを起こすような人物でないことがわかり、人間性が十分理解されている方が有利となる。知人のケースのように、教員募集も企業転職と同様、日頃からの人間関係や人的ネットワーク構築も重要な準備活動といえる。

○企業人教員へのニーズが高い新しいタイプの大学――専門職大学

二〇一七年五月の学校教育法改正により専門職大学の設置が認められた。全く新しい形態の大学で、専任教員は企業などに勤務する実務家が四割以上と設置基準で決められているので、今後実務家出身の教員には最も力を発揮しやすい職場になるといえる。二〇一九年四月に、日本教育財団（モード学園を経営することで有名な学校法人）が国際ファッション専門職大学を開学したのをはじめ、二〇二〇年にも医療や福祉分野やＩＴ分野においても高度な専門人材の育成を目的とする専門職大学が開学する予定である。こうした大学は、実務経験のある企業人には最適な大学である。自分の専門分野に近い専門職大学であれば、知り合いも多いはずなので、公募に応募する際にはつてを使ってコンタクトをしておくことをお勧めする。

専門性を活かすには、大学が居住エリアから離れている場合も当然ある。名古屋外国語大学にも、東京や関西から講義日（通常四日間）だけ名古屋に宿泊して、週末家に帰るという教員も多い。あるいは、教員をするために縁もゆかりもない名古屋に家族で赴任してくる場合もある。大学教員になるということは、大学は選べても赴任地までは選べないということである。

では、新興大学ではなく博士号を有することが条件であることが多い国公立大学や早慶などの伝統ある私立大学では、企業出身の教員は全くいないのかといえばそうではない。しかしそうした大学に採用されるにあたっては、やはり博士号の取得は重要である。電通時代にお世話になった現慶応大学教授は、企業を退職した後に大学院に入学して博士号を取得している。そしてそれだけでなく、多くの学術論文や学会発表や著作物を有することが、こうした大学では業績評価につながることはいうまでもない。

二　学会に所属し、発表や論文投稿をする

自分の手がけている業務領域に近い学会にはどういうものがあるのかを知ることは、重要で

ある。電通時代に非常勤講師として現代広告論を教えることになったのを機に、日本広報学会に入会した。学会に入会すると、学会事務局からセミナーや総会の案内だけでなく、学会発表情報が送られてくる。積極的にそうした機会に参加することにより、自分の業務領域の学問についての理解を深めることができた。セミナーや年一回行われる学会の大会に出席すると、多くの大学専任教員も参加しているので、教員の知り合いも増える。学会で業務上の視点から発表してみるのも、自分を売り込む絶好の機会となる。日本広報学会や大学教員に転職後入会した日本広告学会などでも、電通だけでなく博報堂やアサツーＤＫ、電通ＰＲの現役社員が多くの発表を行っている。実務家による現場の最先端の取り組みを聞くことは、教員にとっても研究の刺激となるため、大変喜ばれる。さらに、発表内容が教員の研究内容に関係していたりすると、研究者である教員の方からコンタクトを求められることも多い。学会は教員との関係を構築しやすい場であるといえよう。とくに広告・広報分野はソーシャルメディアなど新しい技術で新しいメディアが次々と登場するので、それを活用する広告・広報戦略が毎年のように変化してきている。教員は常に実務家の新しい取り組みを把握して研究しておかないといけないため、実務家と近しくなる必要がある。

学会の全国大会では必ず初日に懇親会が用意されているので、人脈を広げる機会として活用できる。また、採用を左右する研究業績評価として学会誌へ論文を投稿することは、最も挑戦すべき準備活動の一つといえる。企業人が教員に採用されるには、業務上の経験はもちろんのこと、学問上の著作物や発表なども重要な評価の対象となる。その際、学問領域の専門家が審査する学会誌への論文投稿は、高い研究業績として評価される。採用にむけては、論文の執筆と投稿を続けるべきであろう。なお、研究業績評価については、自分の例を引き合いに後述する。

三　大学でゲスト講師をやってみる

ここでは、いちばん取り組みやすい、より現実的なアプローチを紹介したいと思う。大学にとって就職実績は、今や重要なポイントである。そのため現在大学には、多くの企業関連講座が用意されている。特別な知識や経験がなくても、企業で働いた経験さえあれば、だれでも講師になれるレベルの講座もある。電通名古屋支社時代に担当だった大学の経営学部には、経営学特講という企業人による十五回の講座があった。その大学の担当だったということもあり、そのうちの一回の講座を任されたこともある。企業が大学と連携した研究を行っていたり、あるいは大学に業者として出入りしていれば、どこかでそのような講座について耳にしたりすることもあるだろう。現代国際学部にも現代国際学特殊講義というものがある。メーカーから商社、テレビ局の役員から中堅社員まで、さまざまな分野で活躍している方々をゲスト講師として迎え、学生に向けて講義をしていただいている。こうした講義は、大学関係者も興味を持ち聴いていることも多い。学部長が聴いていいてその講師を気に入り、大学の専任教員に引き抜いたという話もある。専任教員ではないまでも、そうした機会から非常勤講師を頼まれたりするケースは多々ある。こうした大学の企業人による特別講座は、何も大学のためばかりではない。講義を行うことにより、それまで携わってきた実務を俯瞰的に見ることや、自分自身の実務経験を体系化してみることにもつながる。私自身、早い段階でゲスト講師を経験したことにより、それまで行っていた業務を体系的に整理し、見直す良い契機となった。そしていかに学生を引き付ける魅力的な講義をするかという、経験にもなる。

四　寄付講座の設置で大学にアプローチする

電通は慶應義塾大学や上智大学といった私立の大学だけでなく、国立の東京芸術大学など多くの大学で寄付講座を持っている。寄付講座の目的は、大学との共同研究であったり、優秀な学生の獲得であったりとさまざまであるが、寄付講座を設けることにより企業側と大学との関係がより親密となる。所属していた部署も、上智大学に環境コミュニケーションの寄付講座があり、所属の局員が勤務の傍ら非常勤講師を務めていた。こうした寄付講座は、大学側の教員と親しくなる絶好の機会ではあるが、企業の寄付講座を独自で開設することはなかなかハードルが高い。しかし、寄付講座を開講するには、学部の責任者である学部長はもちろんのこと、学校法人の幹部との接点が必要なので、大学側との人脈形成ができるという点において寄付講座の開設は大いに意義がある。

○教員選考と業績評価

学会に所属し、大学のゲスト講師を務め、あるいは苦労して寄付講座を開設したとしても、教員になるためには、教員選考のための委員会で認められなければならない。教員の選考には必ず委員会が設置され、学部長が委員長となる。この教員選考委員会で学部長に評価されないと、いくら学歴や経歴、業績が立派でもその選考のプロセスにはのらない。名古屋外国語大学のケースでは、学則により委員長である学部長が委員会を招集し、選考する教員候補者に近い専門領域の教授数名（学長が委嘱する）が選考委員となる。審査基準は、職位に応じて決められている。教授であれば、博士の学位を有するか、研究上の業績が博士の学位に準ずる者、他大学において教授や准教授、あるいは専任講師の経歴を有するか、専門職学位を有し、その専攻分野の実務上の業績を有する者、芸術、体育等において特殊な技能に秀でていると認められる者、専攻分野で優れた知識や経験を有する者、のいずれかに該当するかどうかを審査することが定められている。企業人で博士号を持っていれば、審査基準に該当する。しかし、在職中あるいは退職後に博士号の取得はかなり難しいので、企業人の場合は「専門職の学位を有し、実務上の業績を有する者」であるか、あるいは「専攻分野で優れた知識や経験を有する者」の項目が適用されることが多いと推測される。もちろん准教授や講師についても審査基準はあるが、教授に比べるとその職位により条件が緩和されている。どの基準に当てはまるかによって採用された後の職位が決まってくる。また、個人的な見解ではあるが、年代が五十代から六十代に教授が多く、三十代から四十代は准教授が多いことから、年齢も多少審査基準に影響するのではないかと思われる。

では、私はどのような学歴、職歴、研究業績を審査委員会に提出したかというと、『サラリーマンのための大学教授入門』（川村、二〇〇三）を参考に作成した書類を提出した。学歴は、事実を淡々と記載しただけであったが、職歴についてはどのような実務上の実績があるのかを理解しやすいように工夫して書いた。具体的には、入社してから配属された部署名を連ねて書くだけでなく、その部署でどのような事業や得意先を担当して、どのような業務を行ったのかという作業内容についても記載した。たとえば、一九九二年から一九九四年まで名古屋支社新聞一部にて担当となった中日新聞の企画開発担当として、全国生涯学習フェスティバルのシンポジウムを五件プロデュースしたことや、二〇〇六年から二〇一〇年までのソーシャルプロジェクト室で生物多様性プロジェクトの開発をしてＣＯＰ10ビジネスを担当し、国際会議に携わったことなど、詳細に記載した。研究業績については、表1をご覧いただくとわかると思う。大学法人事務局に郵送した当時の提出資料をまとめて表にしたものである。自分が書いたレポートだけでなく、編集や企画をした書籍であったり、出演したシンポジウムやパネルディスカッションなどが記載されたプログラムであったり、取材された雑誌記事など、大学側にアピールができ、また、どのような考えを持った人物なのか判断できるよう業績につながる資料を選定して提出した。書き方については、先に紹介した本に詳しく掲載されているので、そちらを参考にされると良い。ただし、こちらは国立大学の公募に対して提出する際に必要とされる資料であり、めざす大学が私立の比較的新しい大学であれば、そこまでのレベルの書類は必要ない。現に、この私がそこまでのレベルの資料を提出していないにもかかわらず専任教員として働いている。いずれにせよ、できるだけ著作を残し、新聞や雑誌だけでなく業界紙などにも寄稿してそれを保管しておくに越したことはない。それらが教員採用審査における研究業績評価の参考資料になることは間違いないからだ。

○採用から赴任するまでの準備

では、提出した研究業績が審査基準を満たしたその後はどうなるか。公開公募の場合は、複数の候補者を採点して点数を付けた上で採用を決定する。筆者のような大学側からのスカウトの場合は、審査で基準を満たせば採用となる。最終的には、教授会の承認が必要であるが、教

名古屋外国語大学オープンキャンパス　特別講義「マスコミ業界入門～伝えるコツを身につけよう！」 2010年7月25日　8月29日
エコファースト協議会COP10セミナー（於いて名古屋市）講師　2010年9月18日
「生物多様性マーケティング」中経連・日経新聞社（於いて名古屋市） 2010年9月27日

＜企画協力・プロデュース・編集など＞
2005年『名古屋いい店うみゃー店』 文藝春秋 （企画・プロデュース）
2005年『広報力が地域を変える！～地域経営時代のソーシャル･コミュニケーション』日本地域社会研究所 （編集代表）
2007年 『アドバタイジングＶｏｌ16　特集　日本ブランドのつくり方』 電通 企画協力
2010年　滝川クリステル『生き物たちのラブレター～生物多様性の星に生まれて～』小学館　企画協力
2011年 「地域資源経営」 電通ソーシャル・ソリューション局

＜論文寄稿＞
2005年９月１日号「ニッポンの挑戦者たち　ポスト万博後の名古屋」『宣伝会議』宣伝会議 （単）
2008年３月 「電通チームダイバーシティの挑戦」『アドバタイジングＶｏｌ１７特集生物多様性とビジネス』 電通 （共）
2009年３月「地球のいのち、つないでいこう」『アドバタイジング　Ｖｏｌ１８特集　電通人100人の提言』 電通（単）
2009年10月「生物多様性と企業活動～マーケティング・コミュニケーションの視点より～」『Green　Age』（財団法人　日本緑化センター） （単）
2010年11月「地域ブランディングが、地域の観光資源を創出する」『松下政経塾講義ベストセレクション　地方自治編』（国政情報センター） （単）

＜学会発表＞
日本公益学会　第10回大会（2009年9月13日）
『ネットワーク型広報のあり方』への提言～生物多様性保全の国民啓発活動をひとつの事例として～

＜所属学会＞
日本広報学会（会長：張富士夫（トヨタ自動車（株）代表取締役会長））
日本公益学会（会長：大島美恵子　東北文科公益大学副学長）

2011年10月現在

表１　名古屋外国語大学に提出した資料（一部）

＜公的な活動　日本政府の委員など＞
経済産業省「行政サービスの外部委託に関するビジネスプラン研究会」委員　2004 年
新日本様式協議会（官民協働による日本ブランド創造の運動体）
運営部会・部会長補佐、広報委員、ものづくり委員会委員　2006 年～ 2007 年
企業と生物多様性イニシアティブ　コミュニケーション部会委員　2008 年 5 月～
農林水産省　生物多様性研究会　臨時委員　2009 年 1 月 29 日
経済産業省　ソーシャル・イノベーション検討会議　委員　2010 年 9 月 10 日～
一般社団法人　ソーシャル・ビジネスネットワーク　評議員　2010 年 12 月～現在に至る
経済産業省　地域資源経営　研究会メンバー　2010 年 12 月～ 2011 年 2 月

＜講演・講師など＞
東海学園大学　経営学部　経営学特講　講師　1999 ～ 2002 年
名古屋広告業協会　新人研修会　講師　（マーケティング）　2001 年
名古屋ニュービジネス協議会　　パネリスト　2001 年
名古屋外国語大学　非常勤講師　（現代広告論・夏季集中講座）　2005 年～ 2007 年
文藝春秋　新入社員研修講師（マーケティング事例紹介）　2005 年
学習院女子大学　大学院（国際コミュニケーション学科）PR 論・　ゲスト講師　2005 年
新潟県三条商工会議所　販路開拓委員会　講演　2005 年
東海財務局　広報勉強会講師　2006 年
愛知県庁観光ツーリズム・ワークショップ講演　2006 年
異業種・異分野交流会講演（愛知県）「名古屋いい店うみゃー店から見る名古屋食事情」 2007 年
国連大学高等研究所　「生物多様性ラウンドテーブル」スピーカー　2007 年
名古屋外国語大学　客員教授　2008 年～ 2011 年
多摩・三浦丘陵の緑と水景に関する広域連携会議平成 19 年度　「みどりと友好のための勉強会」ゲストスピーカー　2008 年
東北文科公益大学大学院公開講座講師「生物多様性を取り込んだ地域戦略」 2008 年 10 月
松下政経塾セミナー講師　「生物多様性を生かした地域ブランドの薦め」 2009 年 6 月
ソーシャルアクションスクール　セミナー講師　In　菰野町　2009 年 9 月 26 日
都市と生物多様性シンポジウム（緑化センター主催）　講演及びパネル出演　2009 年 10 月 29 日
「生物多様性と COP10 ～名古屋から世界に何を発信すべきか～」 講演（名古屋ソロプティミスト）2010 年 12 月 16 日

員選考委員会で採用が決定されていれば、提出資料に不実があるなど、よほどのことがない限り間違いなく承認される。私の経験からも、教授会において人事案件で揉めたりしたことは一度もない。教授会での承認後、正式に教員採用となり、そこで初めて自分が担当する科目について向き合うこととなるのだが、自分の思い描いていた教員ライフから梯子を外されたようにその理想が崩れ去っていったのを今でも鮮明に覚えている。つまり、事前にどのような科目をどれだけ担当しなければならないかなどについて、窓口の法人事務局に確認するのを怠っていたことで、大学教員の厳しさを思い知ることとなった。実務家出身の教員なので、科目については非常勤で教えていた現代広告論を前期と後期で教え、新しく広報論を前期、後期でスタートする程度で、また、先述したゲストを講師とする現代国際学特殊講義を担当し、知人の企業人やアナウンサー、タレントなどを連れてきて面白い講義をやってもらえばいいのだと勝手に思い込んでいた。

大学によっても違うが、名古屋地区の私大では通常半期で六科目を担当することが多いようだ。つまり年間で最低十二科目担当しなければならない。大学によっては、半期に五科目で良いところもあるようだが、これは採用前に是が非でも聞いておくべきことであった。なぜなら、名古屋外大では六科目が最低担当科目であり、教員によってはさらに八から十科目を担当する者もいる。専任教員は週四日の出勤が義務なので、八科目だと一日二科目を担当しなければならない。講義だけでもかなりの負担になる。一日二科目と聞いても、仕事をバリバリしてきた方々にとっては、たいしたことではないように思えるだろうが、科目ごとの内容によっては、その準備に時間をかけなければならないものもある。たとえば、名古屋外大で担当している最低担当科目の六科目も、そのうち三科目は必須科目のゼミナール科目である。名古屋外大の国際教養学科では、二年からゼミナール科目がスタートするので、専任教員は二年、三年、四年のゼミナール科目を必ず担当しなければならない。そして、そのゼミナール科目以外にも、講義科目であったり演習科目であったりを三科目担当する。ひと昔前の大学では、専任教員は二年生以上を受け持つことが普通で、一般教養を学ぶ一年生を担当することはなかった。しかし、現在は大学の教育も変化してきており、本学科は一年生からアカデミック・スキルズという名称で専任教員が大学生として必要な基本的なスキルを教える科目が前期後期合計二科目あり、一年生を担当することもある。因みに筆者は、そのアカデミック・スキルズを前期しか担当しないので、後期では英書講読の科目を担当している。それらに加え、広報論に日本研究を受け持ち、専任教員が担当する六科目をクリアしている。

週六科目（一科目九十分）、専門的な分野のものから英書講読といったものまで、多様な科目を担当しなければならない大学教員は、さほど楽なものではないのである。実務家出身者だからといって、その領域の関連科目だけ担当すればいいいと考えるのは早計である。政治経済学部出身で政治学士なのだから、政治・経済を教えることは訳ないことだろうと日本研究（政治経済）を担当させられることとなったが、いくら学部を卒業しているからといっても専門家ではないため、専門分野の広告論や広報論の講義の傍ら、学生たちにきちんとした授業ができるよう実務事例と理論を体系的に整理しながら、ほとんどの時間を日本の政治経済についての勉強に費やした。学生時代の教科書を引っ張り出して基礎から学びなおし、そのうえに最近の政治学や経済学のテキストも読み漁って二年間講義の準備をしなければならなかった。外国語大学ゆえに英書講読も担当しなければならず、それには電通時代に生物多様性プロジェクトで担当してきた生物多様性問題の英文や、ＣＯＰ10で使用した国連の公開文書や英語版日経ウイークリーのＣＯＰ10特集などを教材化して、日本研究同様環境問題を通して英語も勉強し直した。このように事前の予想とははるかに異なる現実に苦労して準備を重ねたのを覚えている。担当すべき科目数と科目名を事前に聞いて準備しておかないと、採用後大変になるという一例である。

第三章　大学「教育」の今

この章では、教員になってからの八年間の経験を通して、大学教育の現状をお伝えしたい。たぶん私と同年代が体験した大学の講義はというと、三百人から四百人収容できる大教室に多くの学生というところも少なくなかった。当然学生たち全員が講義にしっかり出席して、真面目に聴くなんていうことはあり得ない。前方に座る留学生以外は、三回目の講義あたりからは、空席が目立つようになる。そうしたことが常態化していたころは、教員も慣れたもので、空席の目立つ教室にいる生徒ではなく、教卓に語りかけていたりする。真剣に出席した授業は、必ず出席をとる一年生の語学授業とゼミのみであった。大学のイメージといったらこんなものではないだろうか。とくに、筆者が学生だったころの早稲田などは、大学の講義よりも学外活動でいろいろなことを学ぶ学生が多かったように思う。学外で多くのことを学び、たくましく成長して社会に出ていったものだ。

ところが、今の大学は様子が全く違う。自身の学生時代の経験を基に大学をイメージしていては、今の大学で専任教員は務まらない。

○電通VS大学教員、どちらが忙しいか

電通はご存知の通り、非常に忙しい会社である。名古屋支社時代は十分プライベートライフもあったが、東京本社に異動してからは多忙を極めた。地方には地方の良さがあるというのは

電通という会社でも同様で、地方の支社では家族のような温かみがある。入社後、名古屋支社に配属されたのだが、出張で東京本社に出向き同期に会いに執務フロアーに立ち寄ると、竹刀を持って振り回す先輩がいたり、大声で怒鳴り散らす社員がいたりと名古屋支社のようなアットホームな雰囲気ではなかった。上司たちの異常なシゴキのような量の仕事を、次から次へとさばいている同期に、のんきに挨拶などしている余裕すらなかった。

入社当時はそんな様子ではあったが、さすがに筆者が東京に赴任した二〇〇二年から二〇一二年には、時代的にハラスメントへの対応やワークライフバランスが大きな社会問題になっていたこともあり、このような光景は見られることはなくなったが、ただ相変わらずの忙しさではあった。名古屋支社時代にくらべて、仕事量だけでなくそのスピードにも大きな違いがあり、また、得意先からもとめられる仕事の質の高さにも、当初は面食らったほどである。そのため本社に異動してからはただ毎日必死で働いた。異動した営業局では二社の中堅クライアントを担当したが、得意先と打ち合わせた後には社内会議があり、その後に企画書を作成し、そして社内調整をした後には、部内の飲み会セッティングにマスコミ各社との懇親などなど、毎日をあわただしく過ごし、プライベートライフは名古屋支社時代に比べほとんどないに等しかった。ただ、仕事自体は名古屋支社時代に比べて断然面白かった。とくに自分がやってみたかった日本政府や地方自治体関連プロジェクト開発と実施業務の部署に異動してからは、仕事

＝趣味のように面白くて仕方ないほどだった。月曜から金曜日まであまりに働き過ぎて、金曜の夜から日曜の昼まで寝ていたこともある。部長に昇格後はそれほど多忙ではなくなり、午後八時ごろには退社して家族で夕食を楽しむこともできるようにはなった。

こうした生活をしてきたので、大学教員ならさぞ楽なものなのだろうとどことなく甘い気持ちで転職に前向きだったのは否めないが、待ち受けていたのは電通時代とはまた違う意味での忙しい毎日だった。忙しさの質が違うともいえよう。もちろん、授業時間以外の時間はたっぷりあるのだが、毎日クライアントの要望に応えるための仕事に追われる忙しさというものとは違う意味での「忙しさ」である。講義期間中における毎日の生活を垣間見ることによりその質の違う「忙しさ」をご理解いただきたいと思う。

一　授業とその準備

早稲田のゼミ同期会で、ゼミ指導教員の吉野孝先生を招いて食事会をしていたとき、宴もたけなわというタイミングで先生が「それでは、明日の講義の準備があるので失礼するわ」と言われて皆で引き留めようとしたことがある。大ベテランである吉野先生ですら、講義の予習で先に帰るというのに当時は大変驚いたが、教員になってみるとその意味がよくわかった。

電通時代に知り合いから頼まれてとある女子大のゲスト講師を経験したことがある。その講義は、エルメスやシャネルなどのブランド戦略にかかわったことがある企業出身の非常勤講師からの依頼であった。当時は社会課題をマーケティング・コミュニケーションで解決するというのが業務領域であり、その非常勤講師の専門とテーマがかなり違うため、引き受けるかどうか迷ったが、是非ともということでお引き受けすることにした。そこで、その講師にいろいろ聞いてみると、彼女の講義すべてが企業訪問という驚きの内容だった。訪問先企業の会議室に学生を連れて行って、企業の社員にゲストとして講義をしてもらうというものだった。依頼者の非常勤講師は、学生を引率してはじめに司会をし、あとはゲスト講師が講義を行うというものだった。私が講義したときも、司会のみで専門外の講義にはコメントもせず、女子学生たちもヨーロッパのファッションブランドとはかなり違う話にとくに質問も出なかった。ただ、参加した女子学生は、電通の会議室に入ってジュースが飲めたことに満足そうな顔で帰って行った。

その非常勤講師は、自分で講義をすることはなくゲスト講師を依頼しているさながらコーディネーターのような存在であった。それでも大学講師は大学講師である。毎回このような講義であればさぞ楽であろうと思う。このような事例でも単位認定があるのかと驚かれるだろうが、実際このようにゲスト講師を呼んで自分の講義を〝プロデュース〟する教員もいるというのが事実だ。十五回の授業計画を、教員がシラバスにまとめて公開しているので、探してみるとこのようにゲスト講師で埋めている講義も見つかるかもしれない。名古屋外大の場合は、十五回の講義のうち申請すれば一回のみゲスト講師が許可されるという厳しい学則があるため、このようなゲスト講師のみの授業というものはない。ただ、他大学で同じような事例があると聞いたので、その講義のシラバスをＷＥＢで見てみると、ゲスト講師を招くという同じような構成であった。しかし、こうした講義も最先端の実務家の話を聞けるという意味では、学生にとっては楽しいものである。学生受けを狙って、このような講義を計画する教員もいる。こうした講義であれば、先の吉野先生のように翌日の講義のために飲み会を早く失礼する必要はない。

毎回九十分間学生に真剣に聞いてもらえるように、十五回のストーリーを考えて講義や演習を組み立てるというのは、かなり事前の準備がいるものである。十五回分の講義の準備は、たっぷり時間のある夏休みや春休みに行うのだが、毎週六コマの授業があるため、前日には必ず予習をして準備しなければいけない。それだけでなく、筆者の受け持つ日本研究（政治経済）のような実務で経験のない科目は、毎回前日及び講義直前まで講義時間と同じ一時間半は時間をとって予習をしなければならなかった。そうしないと、翌日の講義では講義録を読むだけというような恥ずかしい講義をしなければならなくなる。それでは学生に寝られてしまっても文句はいえない。いかに学生に聴いてもらえる講義にするかは、しっかりと事前準備をした講義録の内容を頭に叩き込んで自分の言葉で講義できるかにある。日本研究（政治経済）のように、実務上専門的に取り組んでいない科目と違い、たとえば、街づくりなど電通時代に実務で取り組んだ科目の講義は比較的やりやすい。とくに「地域プロデュース演習」という演習科目の場合、そのための教科書として『元気な地域はこうして創る　地域プロデュース入門』（中日新聞二〇一五）を二年かけて制作したので、頭のなかに講義内容がほぼインプットされており、それほど前日に準備をしなくても講義ができるまでとなった。

専任教員は週四日の勤務が義務である。週一日は研究日と称してお休みを与えられている。私の場合、水曜日を研究日とした。それは、週の後半の講義準備のために、水曜に一息つけるようにするためである。息子が通う中学のＰＴＡ会長をしていたときなどは、夜に懇親会があると、できるだけ火曜の夜か、講義準備を終えた水曜あるいは翌日に講義がない金曜に予定を入れてもらうようにしていた。そして、誘われてもできるだけ二次会にはいかず、お酒も飲まないようにして翌日の授業のために万全の体調を心がけていた。お酒を飲まない理由はほかにもあり、なるべく喉に悪影響となるものを排除し、翌日の講義で声が掠れることのないようにするためでもある。こうして講義の前日にはいろいろと配慮するのが常となっている。週六コマ（一コマ九十分）の準備も大変であることをご理解いただけたと思うが、それだけではなく、学生対応というものがその忙しさに拍車をかけるのである。

二　学生対応

講義期間中に忙しくなる一因として、学生対応がある。名古屋外大の教員の方針に、この学生対応を最も重視する考えがある。それは、教員の研究室の所在にも顕著に表れている。大学の研究室といえば、教室から離れた静かな学生のあまり来ない隔離された場所にあるという印象があるが、名古屋外大の研究室は、学生の訪問しやすさをめざし、学生が教室に行くまでに通る場所に置かれている。なので、講義の合間はもちろんのことランチタイムの一時間などは、学生が講義の質問やゼミの課題発表をはじめ、就活についての指導を受けに気軽に来るのである。こうしたことは全学部で共通しているのだが、そのなかでもとくに国際教養学科は「学生ファースト」を徹底的に追求して学生との距離がいちばん近い学科を標榜しているため、常に学生の対応をするようにしている。

一年次はクラスアドバイザーとして十人から十五人程度の学生の担任になる。そして六月にクラスアドバイザー面談と称して、学生に遅刻はないかや、講義を理解できているかなど、そしてクラブ活動に入っているかどうかや、自宅からの通学時間など事細かにチェックして、将来のキャリアイメージまで、学生一人につき五分から十分程度面談を行う。二年以降は全員がゼミに入るため、ゼミの指導教員がクラスアドバイザーとなり一年次同様学生への丁寧な対応を行う。今のようにメールがなかった私の学生時代は、ゼミの指導教員に相談に行くなどは一年に一回あるかないかで、その際もまず研究室に電話をして、前もってアポイントメントを取らなければならず、かなり緊張して相談に臨んだものである。

しかし現在の大学、少なくとも名古屋外大ではこのような過去の常識は通用しない。一年生から四年生まで五十人ほどの学生を抱えるため、講義の合間のランチタイムなどは大変忙しい状況になる。相談内容はさまざまで、英語の勉強の仕方から留学時に将来のキャリアを考えた場合にはどのような科目を履修すべきかというもの、そして就活についてなどである。ゼミの募集を控える十月はさらに多忙となる。というのも、ゼミ募集のプレゼン後にゼミ参加希望の学生面談を三日間で行うのだ。その期間のランチタイムや放課後は二十五名ほどの学生が訪れるため、アポイントの調整だけでも大変となる。とくに私は、一人一人個別に丁寧な面談を心掛けているので、一人十分として一時間で六人面談することとなり、ランチタイムと放課後は大忙しの三日間となる。この学生対応は、メールだけでなくライン等で、質問や指導など多くのやり取りが帰宅後にもある。とくにラインが普及してからは、ゼミ員への連絡が一斉にできるなど便利なツールとして最適なメディアとなった。その反面、いつでも連絡ができるため、深夜でも自宅で学生対応をしなければならなくなった。

こうした丁寧な指導を徹底したかいもあり、名古屋外大が高校や企業社会から高い評価を受けている。なかでも「学生ファースト」を徹底している国際教養学科は、二〇一七年、二〇一八年の二年間にわたり圧倒的な就職内定率の高さを記録している。高校からの志願者も学内では常に上位である。

優雅に研究室で自分の研究や読書などしているというのは、はるか昔の大学教員の姿であり、現在の教員は講義期間中の出勤日はかなり忙しいのである。

○それでも、大学教育にはやりがいが多くある

会社員に比べて、夏休みなどの長期の講義のない期間がある大学教員は時間がたっぷりあり、暇な職業であるというイメージを抱いている方には、一例ではあるが教員の毎日の生活を覗き見ていただきその忙しさを知っていただけたのではないだろうか。第六章ではさらに大学運営の業務についても書いていくが、それらを加えると大学教員の忙しい現実がさらに浮き彫りとなるであろう。それでも、やりがいがあるのが大学教育なのである。ここからはその魅力について事例を交えて私自身の考えをお伝えしていきたい。

三　講義（演習・ゼミなど）を通して学生を指導する醍醐味

教員サイドからすると、講義とは学生を通じての「自己実現」の側面を持っているので、授

業を通じて学生を指導できることが教員の一番の醍醐味である。

私が担当していた広告論の課題は、学生にある商品を特定させてその商品の販売促進キャンペーンを作成させるというものである。学生は、講義で学習したターゲットインサイトを行い、キャンペーンコンセプトを設定してターゲットに向けたキャッチコピーを考案してメディア戦略の企画までを書かなければならない。毎回講義を聴いて理解しなければ、それを書くことはできない。講義を正しく理解してアイデアあふれるキャンペーンや優れたキャッチコピーを学生が提出してくれると、大変嬉しくなる。十五回の講義をしっかり聴いていた学生と聴いていない学生の違いは、解答用紙から一目瞭然である。

専任教員になると半期で最低六コマ担当することになるので、一コマだけ担当していた非常勤講師のときとは違い、自分の大学教育に対する考え方をその講義に注入しなければならなくなる。学生が講義を履修するときは自分の興味のある科目を取るのだが、講義や演習を提供する教員は、自分の教育に対する考えを授業全体に反映すべく講義を設計し、どのような学生に育てたいかについてまとめておくことが必要である。採用決定後の準備期間にも、どのような学生を育てたいかについてのグランドデザインにまず取り組んだ。同じ教員の講義と演習、そしてゼミを履修する学生はわずかだが、それでも担当する科目を通じてどのような学生を育てたいかについてのイメージを持ちながら、科目ごとのストーリー創りをこころがけたのである。

具体的な大学教育の考えは、自分の生い立ちや学生時代と二十年間の電通での社会人生活でその素地ができたといえる。ただ、その考えを学生に押し付けるだけでは大学での教育はうまくいかない。非常勤講師時代に名古屋外大の学生を教えた経験から、どのような学生の学力レベルかという点を考慮した。教える対象のインサイトも行ったうえで、教育方針を考える必要がある。

第一章で紹介した自分史で、中高時代は得意科目だけに集中した勉強をし、経営学でいう「強みを創り活かすコアコンピタンス経営」と「選択と集中」戦略を実践してきたことを述べた。そして、大学時代は、政治家になるために必要な教養、技術、経験をゼミやサークル活動などの学内外で身につけることに力を注ぎ、電通入社後は、興味がありやりたい業務にたどり着くまでに経験したメディア業務やマーケティング戦略支援、営業とプロジェクト開発等を経験してプロデュース能力を身につけていったことを紹介した。こうした経験から、学生たちにも社会に出る際に必要とされる教養や能力を身につけさせるべく講義やゼミを構成した。

名古屋外大生のインサイトだが、他大学の教員から「授業を受ける態度がよく、授業を一生懸命聴いてくれる」と評価されるほど、真面目な学生が多い。外国語大学という特性から、海外へ半年から一年留学する学生も多く、好奇心とチャレンジ精神にあふれている。しかし、近年の受験状況から指定校推薦で入学する学生の基礎学力は、一般受験の学生に比べ英語も含めて高いレベルとはいえず、改善すべき課題もある。政治経済や社会への興味関心もさほど高いとはいえず、どちらかといえばファッションや食など文化コンテンツに高い関心があるという特徴がある。そこで、これらを考慮して次の五つの項目を名古屋外大の教育の柱に設定し、講義と演習、そしてゼミをそれぞれ設計したのである。

1　学生に自分自身の得意領域を発見させて、それを徹底的に極めさせる
2　アイデア力と企画力を身につけさせる
3　グループワークを積極的に取り入れて、協調性を身につけさせグループ内で貢献できる役割を発見させる
4　プレゼンテーション能力とコミュニケーション能力を向上させる
5　プロジェクトをプロデュースできる能力を身につけさせる

1を設定したのには、自分の経験上、この分野なら自分はだれにも負けないという領域を大学時代に発見し、それを極めれば社会に出たときそれが強みとなり活かせるということがわかっていたからだ。興味を抱く分野なら何でもいい。たとえば、広報論を受講した学生のなかに、広報に興味を持ち広報ＰＲプランナー補試験を受験した者がいた。自分の強みを広報分野で発揮したいと考えたのだ。その後も、広報関連分野の勉強を続けたその学生は広報ＰＲ会社

に見事入社した。

2のアイデア力と企画力について。国公立などの他大学の優秀な人材の調査能力やレポート作成能力には入社してもなかなか敵わない。私自身電通入社後に作成した企画書が「論文のようで面白味がない」と言われた。そこで、アイデアと企画力でなんとか差別化を図り、太刀打ちできる術を身につけた。この差別化戦略を学生時代に習得していれば有利になると考え、広告論の課題や地域プロデュース演習などで、アイデアと企画力を問う課題を多く出し、学生にアイデア力と企画力を身につけさせた。二年生では、とくにこの点を強調してゼミナールに力を入れた。（第七章参照）

3を重要視したのは、社会に出たときに大切なのはやはり協調性だと考えたからである。たとえば電通でも、どんな優秀な社員であったとしても一人で広告コミュニケーションを担うことはできない。税理士や弁護士などの専門職と違い、企業ではチームで仕事を請け負う。私自身いちばん苦手としていたことで、入社してからずいぶん苦労した。そこで、学生たちには同じような苦労をさせないためにも、チームメンバーの能力を見極め、自分がどのような能力をチーム内で発揮できるかについて考えさせることを演習で行った。こうしたグループワークというものは、我々の学生時代にはほとんどなかったが、現在の大学教育では多々取り入れられている。学生が講義を受講するだけでなく、能動的に学習をするアクティブラーニングを文科省が推奨した二〇一二年から、こうしたグループワークを取り入れる教員が増えてきた。私の地域プロデュース演習では、兵庫県豊岡市のプロモーションをグループごとに企画させて発表を行わせ、ゼミナールでは、三重県菰野町の観光ビデオプロモーションコンテストに参加し、フィールド活動をチームで行って三分間のビデオを作成させてきた。

社会で最も必要とされている能力が、4のコミュニケーション能力である。とくに、企業が求める人材で最大に重視しているのが、伝える力である。企業で働いた経験があれば、コミュニケーション能力が最も求められている能力であることはおわかりいただけると思う。先に述べたように、昨今の講義は教員が一方的に学生に語るスタイルではなく、学生参加型である。もちろん講義とよばれている科目は、教員が話す率が高い。それでも、学生にコメントを求めるなど双方向性を重視したものが多い。できるだけ、レスポンスを引き出せるように学生にコメントをさせる講義を心がけている。そうすることにより、学生が講義を聴く姿勢になり、考えるようになるからである。また、コメントをできるだけ簡略に答えさせる訓練もしている。講義を理解せず、自分の考えがまとまっていない学生のコメントと、講義をしっかり聴いて理解している学生のコメントには大きな差がある。簡潔に適切なコメントをした学生を参考にして、ほかの学生たちもそのようにコメントできるようになる。

講義科目以外に、演習という科目がある。これは、学生が授業により主体的に参加する科目であり、授業中に学生にプレゼンテーションを行わせる機会が多いのが特徴である。演習は大人数を収容できる講義と違い二十名程度の人数のため、学生一人一人がプレゼンテーションを行う機会が多くある。私が受け持つゼミナールでは、さらにプレゼンテーションが多いため、学生は準備が大変であるようだ。それだけに、一年間のゼミを終えた二年生からは、「人前で話すことが苦手だったが、受講後は人前でプレゼンテーションをすることが恥ずかしくなくなった」というコメントが多く聞かれる。いささか自分のゼミ自慢になるが、横山ゼミを受講した学生は、他の教員による講義や演習におけるプレゼンテーションで「プレゼンテーションが上手い」と評価されることが多いと学生から聞いている。これは、プレゼンテーションやコメントをさせる機会を多く設ける講義を心がけた教育的な成果だと自負している。私自身の早稲田時代のゼミは、マスコミや霞が関志望が多かったので、プレゼンテーションより議論（ディベート）形式であった。それは、相手をいかに論破できるかという点が重視されていたからである。マスコミや霞が関などで活躍する上においては、大変重要な知的ゲームである。しかし、企業社会では議論ではなく、いかに自分の考えを正しく表現して、結果として相手に正確に「伝わる」かが重要である。

5は、電通という会社を経験した私ならではの視点ではないだろうか。この柱は、最も電通的であるといえる。電通時代にプロジェクト・プロデュース局に在籍した経験によるものである。プロジェクト・プロデュース局は、その名称通りプロジェクトを企画して開発し、そして実施するという局である。所属していたソーシャル・プロジェクト部のほかに、文化プロジェクト部や、当時は愛知万博担当セクションがあった。それらの部は、社会テーマからプロジェクトを発想したり、日本文化をテーマに美術展の企画を考えたり、公園を舞台に世界をＰＲするイベントを手がけたりするなど、多種多様なプロジェクトを行ってきた。プロジェクトをプロデュースするには何が必要かというのは、学生には非常に難しい課題である。まず、何か自分が興味関心のあるテーマがなくては何も始まらない。

では、プロジェクトをプロデュースするとは、具体的にはどういったものであるのか。私が実際行った事例を紹介したいと思う。

愛知万博が開催された二〇〇五年に、文藝春秋刊行の『東京いい店うまい店』の名古屋版である『名古屋いい店うみゃー店』をプロデュースした。愛知万博で名古屋を訪れる人々に合わせた狙いもあった。この本を出すにあたり、それまできちんとしたカテゴリーとして確立していたわけでない「名古屋メシ」を研究しないことには始まらないと考えた。名古屋メシとはどういったものなのか、また、どんな店があるのかを徹底的に調べなければならなかった。そして、本を出すということは、自費出版でない限りその企画に同意してくれて協力してくれる出版社がないといけない。そこには人脈が必要であった。当初はこのプロジェクトを一緒に進めてくれた中高の友人からの紹介で名古屋の出版社から出すことも考えたが、愛知万博に合わせて同様のグルメ企画が名古屋の出版社から多数出版されることが予想でき、そのなかに埋もれてしまうことを危惧し、あえて名古屋ではない出版社を探した。そこで、大学時代のクラスメートに文藝春秋書籍部の編集者がいたので、その友人に話を持ちかけてみた。『東京いい店うまい店』は一九六七年に日本発のレストランガイド誌として刊行され、文藝春秋を代表するグルメ本であり有名であったので、そのブランド力を借りることができないかと考えたのである。『東京いい店うまい店』の姉妹版を名古屋で出すべく企画書を作成して、文藝春秋の出版会議にかけてもらった。ところが、これはNGを食らってしまった。企画としては良かったのだが、名古屋メシのカテゴライズに気を取られ過ぎて、プロデュースが疎かになっていたのである。

そこで、編集者と中高の友人の三人で名古屋合宿を行い、実際に名古屋メシを味わってもらった。そのときに取材した名古屋メシの写真にレポートを添えて、再度企画書を作成した。二度目の企画書には、自分の強みである本の販売促進のための広報戦略も盛り込んだ。そして人脈を活かし、名古屋出身の芸能人や名古屋のテレビ局アナウンサー、番組のパーソナリティ、そして中小企業経営者などに参加してもらい、口コミを発生させるために「名古屋グルメ１００人委員会」なるものを組織した。それだけでなく、さらに出版社への期待感を高めるティザーキャンペーン及びマスコミで本が紹介されるパブリシティ戦略を盛り込んだ。こうした現地取材のリアルさと出版後のプロモーション戦略が評価されて、次の会議では見事採用が決定した。出版決定後は、毎日のようにレストラン取材を繰り返し、最終的には三百七十二店を紹介したうちの百二十店ほどを担当していた。加えていくつかの店や名古屋にまつわるコラムの執筆もした。三月二十五日の万博開幕二週間前の出版に間に合わせるべく、原稿を完成させる最後三週間は仕事の合間であったので、ほぼ毎週末徹夜状態だった。文藝春秋の『東京いい店うまい店』のネームバリューと、広報戦略が見事に当たり、愛知万博の効力もあり、出版後に売上が名古屋地区で一位となった。プロジェクトがプロデュースにより見事に実った例である。

こうした成功体験をもとに、企画を思いついてそれを実施する能力を学生に身につけさせたいと考えた。なぜなら、社会に出て企業に入社した場合、おおよそこのようなプロジェクトを担当することになるからである。商品を開発するときや新しい店舗を出店するときなど、業種や商品、あるいはサービスの違いはあるにせよ、企画力やクリエーティブ力と人的ネットワークに仲間を拡げるコミュニケーション能力、そしてどんなに困難な状況でもプロジェクトをやりきる忍耐力が必要となる。つまり、プロジェクトをプロデュースするには、知力だけでなく総合力が必要とされるのである。この五番目の柱については、とくに横山ゼミナールにおいて身につけさせるべく取り組んだことである。ゼミ生の事例については、第七章で詳しく紹介する。

ここまで私の教育に関する考えとその実践について述べてきた。企業出身の教員は、自分が歩んできた大学までの環境に加えて、企業で経験してきた必要とされる能力や知識を学生たちに身につけさせたいと考えるであろう。昨今の大学教育は学問を教えるだけではなく、社会に出たときに「生き抜く逞しさ」を教える場所であるべきだと考える。これからの企業出身者で教員をめざす方には、それぞれ現場で経験した業務やさまざまな部署で必要とされる能力に知識等を体系化して、学生に「社会で生き抜く力」を身につけさせていただきたいと思う。

○名古屋外国語大学国際教養学科一年次教育とチーム教育事例

この章のタイトルは「大学『教育』の今」である。これまで私の独自の視点で今の大学教育を伝えたが、最後に名古屋外大に二〇一三年に誕生した国際教養学科において実践されている教育について紹介したい。

国際教養学科は、二〇一三年に誕生した学科で、二〇一七年春に一期生が卒業した若い学科であるにもかかわらず、二〇一七年の一期生と二〇一八年の二期生、二〇二〇年の四期生の就職実績は、学内でもずば抜けていた。月一回の大学運営のキャリア教育開発委員会で報告される学部学科別の就職内定率では、各学科に比べて六月の時点で二十パーセント以上の差がつくほどの高さであった。このような内定率の高さは、学生の授業における態度や課題への対応、そしてゼミにおけるプレゼンテーションから容易に予想できる結果といえよう。別の学生を、二年間ゼミで預かったことがある。その学生たちは、プレゼンテーションはもちろんのことレポートの書き方からして明らかに国際教養学科一期生二期生に比べて基本がなっていなかった。当初この差はどこから来るのかが素朴な疑問であったが、どうやら答えは一年時にどのように学生を指導するかにあるようだということに後々気づいた。この差を発見できたことは、教員キャリアにとって大きなプラスであったと考える。

名古屋外大は二〇一八年に創立三十周年を迎えたばかりの比較的若い大学である。それでも現在の偏差値は55レベルという「中の上」に位置している。大学業界では、偏差値が50を切ると教育上支障が出るといわれている。これは経験上事実であると感じた。非常勤で教えたことのあるとある偏差値45台前後の大学では、授業が始まっても学生がざわざわとしていた。化粧をする学生もいれば、授業中だというのに携帯を触っている学生もいて落ち着きがなく、とても授業どころではなかった。これは、以前名古屋外大にいた人気教員が、偏差値40台の他大学に赴任したところ、やはり授業態度が名古屋外大とは全く違うとこぼしていたことからも、事実である。偏差値至上主義ではないが、基礎学力を図る意味においては、偏差値は重要な指標となるということが大学に来てわかった。名古屋外大が偏差値55レベルといっても、半数が指定校などの推薦で入学する年内入試組である。二月三月の一般入試で入学してきた学生と比べると、明らかに基礎学力が劣っている。実際に講義を受け持ってみると、このレベルの違いに気づくであろう。こうした学力の違いを考慮したうえで設計されたのが国際教養学科の授業構成である。学生の基礎学力レベルを均一にしていくうえで、最も有効な対応策の一つが専任教員によるアカデミック・スキルズという名称の演習科目である。その目的は、大学に不慣れな一年生を専任教員によって教育・指導するというものである。専任教員が一年目から学生を指導するメリットは大きい。というのは、受講態度から予習復習の指導という大学における基本動作の指導を徹底させて、調査の仕方やレポートの書き方まで指導することで、クラスアドバイザーとして受け持つ学生について、一年間、トーフルのスコアから授業履修状況まですべて把握することができる。とくにレポートの書き方を専任教員が指導しているため、国際教養学科の学生は引用文献や参考文献の書き方などをしっかりマスターした状態で、二年生のゼミナールをスタートさせることができる。

このアカデミック・スキルズという名称は、全学部的な見直しで統一されたものだが、以前はキャリア・プランニングという名称で、将来のキャリアを見据えて大学時代の学びを通して自分の人生を設計することを目的として開設されていた。

前期の授業には「企業を知る」という企業研究とプレゼンテーションをさせるプログラムがある。この研究は、就活対策ではなく、あくまでも企業を組織研究の対象として分析してレジュメを作成させ、プレゼンテーションを学生にさせるというものである。四月に入学したばかりの学生が知っている企業は、自分が購入したりする商品メーカーや家族が乗る車メーカーがせいぜいであるが、発表はそうした馴染みのある企業に加え、学生に馴染みがない中部地域の産業材メーカーについて研究発表させたりする。詳細は二〇一九年春に名古屋外国語大学出版会から発行された『学びの技法』を参照いただきたい。

このアカデミック・スキルズを専任担当教員が一年間担当することで、基礎学力を補い四年間の学習態度や留学を含めた学習計画を指導することができるため、大学教育においては大変有意義であると考える。

アカデミック・スキルズは、各担当教員の講義で終了するものではなく、毎回講義終了後に担当教員八人が集合してそれぞれが受け持つクラスの学生について、その発表や授業態度を教員同士で共有する自主的なチームによる教育の取り組みがなされている。このミーティングにより、百人前後の学生一人一人の学習状況や授業態度などを把握することができ、各学生に適した指導ができるようになる。このようなきめ細かい指導を毎回行っているので、教員は大変忙しいのである。しかし、この一年時の授業で学生は授業担当教員の研究室に通うようになり、教員との距離が近くなるのである。こうした取り組みの積み重ねにより、学生は二年時以降も教員の指導を気軽に受けやすくなるため、学生の学習サポートを行うチューターのような教員が誕生している。

こうした国際教養学科専任教員による一年時の教育プログラムは、一般入試組と比較して基礎学力の劣る推薦入試組の学力や学習態度の向上につながり、一定の教育成果がみられることから成功事例に位置づけられる。

企業人から大学教員になった際には、この一年時教育の大切さを思い出して実践することをお勧めする。


大学教育の今をどう感じられたであろうか。忙しいなかにも、大変やりがいがあるのが大学教育だと感じていただけたら幸いである。

第四章　大学における「研究」活動

一　企業出身教員の「研究」はどうあるべきか

専任教員になり八年の歳月が過ぎたが、この教員生活のなかでいちばん悩んだのが研究活動である。一般的に大学教員は、修士号や博士号を取得するために多くの学術文献を読んで修士論文や博士論文を書いて評価を受けてきている研究者である。こうしたアカデミア出身の教員にとって研究は当たり前のことであるが、実務家出身の教員にはこれが当たり前ではないのである。

東京外国語大学学長を経て名古屋外国語大学の学長に就任した亀山郁夫先生は、ことあるごとに名古屋外大の研究活動の少なさを嘆かれ、研究を活発化させるように奨励してきた。また、私の先輩である名古屋外大教授の高瀬先生からは「大学教員は、三年に一回は論文を書き、三年に一回は学会で発表し、三年に一回は書籍を書くように」と、着任早々研究の重要性を説かれた。高瀬先生からの指導については、五年ですべてクリアすることができた。ただし、アカデミア出身のお二人のいわれる「研究」と実務家出身の私の「研究」は、質的に大きな違いがある。

二〇一四年春に名古屋外大現代国際学部の紀要に、共著で初めて論文を発表した。実務家として取り組んできた大学広報を国際教養学科において実施したものを実証研究としてまとめたものだが、学術論文は初めてだったので、同僚の教員に指導を受けながら書いた。この論文を出した後に、現代国際学部国際ビジネス（現在のグローバルビジネス）学科長を務められた塩見治人先生から著書『昨日達の記憶』をいただく機会があった。大学教員が本を出した際には、同僚や過去の勤務先の大学の仲間に著書を謹呈する慣習がある。早速いただいた本を読んでみると、大学に来て二年ほどと経験が浅い私にとっては、大変参考になる内容だった。著書のなかで大学院生に論文指導をされる塩見先生のお言葉は、実務家出身の私にとって研究とは何たるかを知る良い教訓となった。それは先生の「あるものをあるように書いたって、それレポートじゃないか。レポートはジャーナリズムの仕事だよ。シンクタンクの得意分野じゃないか。アカデミズムは全然違う世界だよ」という口癖である。さらに先生は「報告書ではなく論文を書け！」ともよく言われるそうだ。先生の本のなかでいちばんショックだったのは「論文は新知見を生産する行為だが……（中略）……通説、定説に反省を加えることなの。だから学問の世界ではコンティニュイティー（連続性）が決定的に重要になるのだ。先行研究の成果を無視した論文は無価値なのだ。だから素人には学術論文は書けないのである」（塩見、二〇一四）というくだりである。筆者の不勉強そのものであるが、初めて紀要に投稿した論文には先行研究について触れていなかった。塩見先生には読後感として「先行研究がないのは学術論文とは言えない」という点について大変勉強になったと伝えたところ、優しい目をして頷いてくれた。筆者の論文を読まれたかどうかは別として、先生の著書を通しての大変貴重なアドバイスだった。この場をお借りして御礼申し上げたい。

塩見先生の著書を読んでからは、研究という言葉を広くとらえるようにした。アカデミックの世界が使用する研究の意味ではなく、実務家が企業などで新しいプロジェクトに取り組む際に、本を読んで勉強したり、フィールド活動で実態調査をしたりすることも「研究」と呼ぶことにした。徹底した先行研究を学んできていない実務家の場合は、甘いとお叱りを受けるかもしれないが、このように広く「研究」活動を捉えておけば、少しは気が楽になるのではないか。

二 企業出身教員にとっても「研究」活動の役割は大きい

そんな緩い定義での「研究」活動をしてきた八年間で得た教訓は、「研究なくして教育なし。研究なくして社会貢献なし」である。研究をしないと授業もできない。研究をしないと社会貢献もできない、という意味である。研究と教育は不即不離であり、社会貢献も同様だ。大学教員にとって研究は、教育と社会貢献の三つの仕事の中心に来るべき活動なのだ。

たとえば、日本研究(政治経済)を担当することを転職半年前に告げられたことで、頭の中が真っ白になったが、二十年前に大学で勉強したことを再度勉強し直すいい機会となった。物持ちがいい方なので、大学時代の教科書を読みながら、二年間政治経済の勉強に没頭した。勉強してみると、電通時代に取り組んだ日本政府のコミュニケーション活動の支援や、クールジャパン政策など、実務家時代に経験した業務を政治学と結び付けてとらえることができるとわかって、十五回の授業に実務事例を交えて講義できるまでになった。しかしその反面、この二年間は広告についての勉強をする時間が奪われてしまった。『大学教授入門』（川村 二〇〇三）に実務家教員の賞味期限について書かれている。実務を継続し続けないと二年もしないうちに講義に新鮮さがなくなり、面白い講義ができなくなるというのだ。そのことを川村氏は著書のなかで、実務家出身で大学教員経験者としての言葉として語っている。このことは、私自身も経験したことがある。電通退社（二〇一二）後から六年間担当してきた広告論を、二〇一八年からは実務家の非常勤講師におまかせしたのである。わずか六年の間に広告は大きく変わっていた。戦略の作り方からメディア戦略にいたるまで、ソーシャルメディアや広告技術の進化で全く変わってしまったのである。そのような大きな変化があるにもかかわらず、講義にリアルな体験を注入できていないまま学生に伝えることに良心の呵責を感じたのである。本を読んでごまかすことはできるが、それではリアル感のある授業にはできない。実務家出身者の講義の魅力は、何といってもそのリアル感である。そのリアル感に学生は耳を傾けるのである。そこで、最先端のコミュニケーション業務を毎日実務として体験している実務家に、授業を委ねたのである。

一方広報論については、講義がスタートするまでの二年間に文献を読み込んで、電通時代の実務経験を体系化しつつ、中小企業の広報顧問として広報実務を続けてきたので、今では得意科目となっている。地域プロデュース演習も同様で、次章で社会貢献活動を紹介するが、地域の観光や地方創生とまちづくり関連の活動を続けていることで、常にリアル感のある演習を学生に提供できている。この失敗と成功の事例から、自分が経験してきた実務を専任教員になってからも継続することを、広い意味での「研究」活動として位置づけることが実務家出身者には必要であると確信した。つまり、実務家出身者は、退職後も自分の経験した業務に何らかの形でかかわることができるようにしておくべきであるということだ。

ここまでは、企業の実務家出身者にとっての「研究」活動のあるべき一つの姿について述べてきた。ここからは、筆者の八年間の「研究」活動について紹介するので、是非参考にしていただきたい。

三　八年間の「研究」活動

筆者は広告会社で大まかにいえば、プロデューサー業務をしてきた。芸術大学のような大学では、アート作品が研究の成果物といえようが、プロデューサーの評価が難しいところは、自分自身の作品といえるものがないという点だ。映画でも、監督は自分がメガホンをとった映画は、自分の作品といえる。しかし、プロデューサーはというと、いなければ映画ができないという点では必要な存在ではあるが、監督のように自分の作品とはいいにくい。そういう意味では、プロデュースした事業やプロジェクトを研究として業績評価に加えるのは気が引けるのだが、そうなると実績がなくなってしまうので、そうはいっていられない。とある広告会社出身のクリエーターは、大学教員に転職する際の自分の研究実績に、クリエーティブ・ディレクターとしてかかわったテレビCMを載せ、見事採用された。彼は、院卒でもなく、学会発表や論文発表もない、年齢的には准教授ではなく教授採用の年頃だったことで、自分がクリエーティブ・ディレクションした作品を業績として、見事教授に就任することができた。しかし、同じ広告会社でも、クリエーターではなくプロデュース業務が長かった私には、作品といえるものはなかった。加えて、電通時代のプロデューサー業務は、どちらかというと話すことや行動することが中心であったので、あまり文章を残すということはなかった。第二章の大学の業績評価に提出した程度の書き物しかなかった。こうした話すことを主としたプロデュース業務に長く携わったせいか、話すことや行動することに比べて書くことはあまり得手ではなかったが、この八年で表2に挙げたように教科書を作成し、エッセーの執筆や学会発表などを行った。

これから時系列順に振り返ってみる。

○講義準備のための「研究」に集中

二〇一三年からスタートする国際教養学科の授業対応に、二〇一二年の夏、冬と二〇一三年の春の長期休みのほとんどの時間を費やした。講義に関連する本を片っ端から読み、そのなかから教科書に指定する本を選んだ。そして講義録を根気よく、我慢強く作成した。中高時代の「ガリ勉」ぶりを知る同級生は勉強好きな性質を知っているだろうが、外に飛び回っていた電通時代の同僚が知ったら、驚くような「研究」中心の生活であった。乾いた土に水をやるように、頭の中に知識をインプットし続ける日々であった。本を読んでレジュメを作成する作業は非常に地味であるが、コツコツと本を読んで学生向けに編集作業を進めていくと、面白いもので自然と講義録はできるものである。しかし、残念ながら講義録以上の講義はなかなかできるものではないので、講義録を休み期間などにしっかりと作成していなければ、講義期間に冷や汗をかくことになる。図1を見てほしい。これは、名古屋外国語大学で使用されているシラバス（授業計画）のフォーマットを簡易版にしたものである。このフォーマットに記入することで十五回の授業を構成することができる。試しに自分が担当する科目を想定して記入に挑戦してみていただきたいと思う。意外に難しいと感じられるのではないか。

表２　８年間の「研究」活動

2012 年	講義準備のための研究
2013 年	講義準備のための研究
2014 年	【学術論文】「教学広報手段としてしてのメディア適正に関する一考察：名古屋外国語大学現代国際学部国際教養学科の取り組みを事例に」（共、名古屋外国語大学現代国際学紀要）
2015 年	【書籍（教科書含む）】『元気な地域はこうして創る　地域プロデュース入門』（単、中日新聞社） 【学会発表】「国家ブランディング広報の戦略的意義と課題～近代オリンピック・パラリンピックの広報事例から学ぶ～」（共、ポスター発表　日本広報学会 20 周年記念大会）
2016 年	【学会発表】「英国の国家ブランディング・キャンペーン事例から考える 2020　東京オリンピックの課題について」（単、日本広報学会　国家ブランディング研究会） 【エッセー】「学生の PR で変わる町　菰野町」（単、ArtesMUNDI　創刊号　名古屋外国語大学ワールドリベラルセンター）
2017 年	【エッセー】「名古屋メシ、その後の戦略は？」（単、ArtesMUNDI　第２号　名古屋外国語大学ワールドリベラルセンター） 「外大生の宿命≒留学」（単、Piazza 第２号）
2018 年	【書籍（教科書含む）】『世界教養７２のレシピ』（共、名古屋外国語大学出版会）『横山一格先生』（単、菰野図書館寄贈） 【冊子】『私とおじいちゃん　おばあちゃんの思い出』（非公開）
2019 年	【書籍（教科書含む）】『学びの技法』（共、名古屋外国語大学出版会） 【エッセー】「まちづくり　心理学書評」、「夢を持とう、実現するために努力しよう」（いずれも単、ArtesMUNDI　第４号　名古屋外国語大学ワールドリベラルセンター）
2020 年	【書籍（教科書含む）】『菰野横山家蔵古文書の翻刻～永禄（重廣）から明治（久平）まで』（単、菰野町図書館、三重県立図書館、早稲田大学等寄贈）

図１　シラバスのフォーマット

授業名
授業概要（主要テーマ）、 学習目標並びに準備学習の内容
目標達成のための授業方法
授業計画 第１回 第２回 ・ ・ ・ 第 14 回 第 15 回
成績評価基準
使用教科書（参考書）

名古屋外国語大学のシラバスを基に筆者作成

○初めての論文

新しい学科が設立された二〇一三年ころより、先輩である高瀬先生の「三年に一回は研究の成果を発表すべき」というアドバイスが頭をよぎりだした。そこで、国際教養学科で取り組んでいる教員による広報「教学広報」に目を付け、同僚の教員に実証研究を共同で取り組むことを持ちかけた。実のところ、学術論文に初めて取り組むことに不安を感じたため、協力を仰いだのである。幸いふたりの若手研究者が協力に同意してくれたため、共同で執筆するに至った。その詳細は、名古屋外国語大学ホームページの学術情報ポジトリにアクセスいただければ読むことができるため、ここでは簡単に研究の内容についてのみ紹介したい。「教学広報手段としてのメディア適正に関する一考察：名古屋外国語大学現代国際学部国際教養学科の取り組みを事例に」というのが論文のタイトルである。

電通時代には大学プロジェクトのメンバーとして複数の大学のコミュニケーション戦略の策定や、広告コミュニケーション、シンポジウムなど多彩なイベントを実施してきたが、そこで気がついた課題が、大学広報は、本来教員自身が取り組むことがいちばん効果的であるということだった。幸いなことに、国際教養学科という新学科で専任教員の職を得たので、この課題に自ら取り組むことができるようになった。一般的に大学広報は、入試広報を担当する部署が担当する。しかし現在では、大学のステークホルダーが多様化したため、入試にかかわる関係者だけでなく、地域社会や企業などもそこに参入するようになった。つまり、近年では入試広報だけでなく、大学自体の広報を行う法人広報が主流化し、大学の社会的価値向上のためのコミュニケーション活動が強化されている。それは、企業が商品だけのコミュニケーションを行うのではなく、企業自体のコーポレート・コミュニケーション活動を強化するのと同様である。大学でも高校生を対象とした入試広報だけでなく、大学の卒業生や企業あるいは地域社会などの幅広いステークフォルダーに向けた活動を活発化させている。代表例として、「近大マグロ」で有名な近畿大学や、駅伝などのスポーツ広報に力を入れている東洋大学などがある。いずれも、日本広報学会や日本パブリックリレーションズ協会などで事例報告がなされている。とくに広報分野で注目されているのが、近畿大学の広報活動だ。是非近大のホームページにアクセスいただき、その最先端の広報活動をご覧いただきたい。企業顔負けの活動に驚かれることだろう。

本研究は、そのような大学の広報環境の変化を受けて、未開拓分野である教員自身が所属学科の広報活動を担う「教学広報」を国際教養学科で実施し、その効果を検証したものである。具体的には、教員自身が学科独自のホームページおよびFacebookページの作成から教員紹介パンフレットの企画・作成を実施し、オープンキャンパスを最も重要なコンタクトポイントとして広報効果を検証したものである。結果としては、オープンキャンパス実施日付近にFacebookへのアクセスが増えるなどの変化を確認できた。論文の最後には、地域連携を積極的に進めていき、教学広報の目玉としていくことを提起した。そこで、筆者は本籍のある三重県菰野町をフィールドとした地域連携をし、同僚二名は長久手市と中津川市をそれぞれフィールドとして、現在も活動を進めている。二〇一三年段階の地域連携プログラムがスタートしたばかりのため、論文では地域連携の芽を紹介したに過ぎないが、この六年余りで、それぞれの教員が取り組んだ地域連携の芽は大きく育ち、花を咲かせている。菰野町のプロジェクトについては、第七章の横山ゼミナールで詳しく紹介する。

初めての学術論文は先行研究に触れていないという反省点もあるが、それなりの成果を得ることができ、大変貴重な経験となった。大学教員をめざす方々が初めて学術論文に取り組むには戸惑いもあると思うが、自分が企業で手がけたテーマなどを実証的に検証したり、同僚のアカデミア出身教員を誘ったりして共同研究プロジェクトにすることで、手がけやすくなることを知っていただけたと思う。

○教科書づくり

先輩教授の「三年に一回は研究の成果を発表すべき」という言葉に従って、まずは学術論文に取り組んだ。次の「三年に一回の研究成果」は、本の出版を考えた。というのも、早稲田時代のゼミ指導教員の吉野先生に、電通退職と大学教員就任を報告に行ったときに、電通時代の業務で取り組んだ地域活性化の仕事を体系化してみてはどうかというアドバイスをいただいていたので、それを形にして出版してみるのもいいかと思ったからだ。二〇一五年春からスタートする地域プロデュースの講義に使用する教科書の必要性を感じていたので、ちょうど良いタイミングであった。そこで、二〇一三年春休みからは、教科書となる本を出版することをめざし、地域活性化関連の本を手あたり次第読み漁った。そして、業務の体系化をする前に、それらの業務の見直しと分類化を行った。本を読む傍ら業務の分類化や体系化をする作業は、その膨大な量から難航した。

また、時を同じくして母の看病や長男の病気に次男の受験と家庭事情が重なり、教科書づくりはすんなりとはいかなかった。しかし、ここでもそれまでの人脈に助けられた。電通時代にお世話になったスタッフの編集協力を得て、何とか本の出版にこぎつけた。それでも家庭事情もあり、当初の予定を遥かにオーバーする二年の歳月がかかった。残念ながら、母は出版を待たずにこの世を去ってしまったが、病室のベッドサイドでの最終校正で母が誤植を見つけてくれ、本の見本とにこやかに記念写真を撮れたことは、さらにこの本出版への思い入れを強くした。このように、諸事情によりスケジュール通りいかないことも加味しておかなければならない。こうして完成したのが、『元気な地域はこうして創る　地域プロデュース入門』（中日新聞二〇一五）である。この教科書ができる前の授業と教科書ができてからの授業では、学生の理解度や授業における成果が見違えるほど違った。出版までにじっくり時間をかけただけあり、教える側もすべての内容が頭にインプットされているので、講義も楽になった。自分の手がけた業務を体系化する作業は大変な手間と労力であったが、学生だけでなく自分自身にも大きなベネフィットがあったといえる。さらに詳しくは次章の社会貢献活動で述べるが、この教科書を読んだ各地方の方々から多数の講演依頼がきた。そういう意味において、この研究成果は社会的にも大きな反響があったといえる。

○最後のミッション「学会における発表」

さて、高瀬先生のアドバイス「三年に一回の成果発表」で取り組んでいないものは、これで学会発表だけとなった。二年間教科書を作成するために地域プロデュース研究に取り組んできた。次は、電通時代に取り組んできた「日本の魅力を世界に発信する　ジャパン・プレゼンテーション」を研究したいという意欲が出てきた。そこで、日本広報学会にちょうどそのころ発足した研究会に参加することにした。「国家ブランディング広報の戦略的意義と課題」を研究するこの会には、元電通社員の大学教授が多く所属していた。毎月行われる研究会は、電通本社

（東京汐留）で行われた。ちょうど二〇二〇年の東京オリンピック開催が決まったところだったので、過去の各オリンピックでどのような国家ブランディングが行われてきたのかを、研究会メンバーがそれぞれ発表することにした。そこで、私が選んだのが二〇一二年に開催されたロンドンオリンピックにおける英国政府のブランディングキャンペーンであった。ロンドンオリンピックで行われた数々の国家プロモーションを検証し、二〇二〇年の東京オリンピックへの課題と機会について発表を行った。この研究会での発表を、日本広報学会全国大会でも行うこと、また、紀要に論文を投稿すべく二つの準備を進めているときに、新たな家族問題が持ち上がった。それは、実父が高齢になり本籍地三重県菰野町にある百五十年を超える先祖代々の家を、この先どのように維持していくかという問題にそろそろ解決を見出さないといけない時期に来ていたのである。

○実家の片づけと新たな研究

三重県菰野町にある本家は、百五十年以上の歴史があることは知ってはいたが、今回の実家の片づけにより蔵から発見された古文書によれば、正確には永禄七年（一五六四年）の初代横山伊勢守重廣《しげひろ》から数えて父までの十三代にわたり、菰野に居を構えていたことがはっきりした。屋敷自体は、安政の大地震で倒壊した後に建て直されたものであるが、それでも百五十年余の歴史があり、次の代で手放してしまうのは惜しい建造物である。放置しておくと家が傷んでしまうが、かといってかまどや土間のある古民家は不便で、実際住むわけにもいかなかった。そこで得意分野を活かして、日本各地にある古民家活用について、地方創生事業で取り組まれている事例を調べてみた。大手のレストランチェーンが京都の古民家でレストランを開くなど、各地で古民家再生はブームの兆しがあり、多くの事例があることがわかった。別荘のように週末や休暇にしか利用していなかった本家を、何とか活用すべく、生前から母が料亭にするなど活用できないか考えていたこともあり、レストランとして再生させることにした。

当初自分自身が直営でレストランを経営することも考えたが、専任教員としての仕事に支障が出る恐れがあったので、場所を借りてくれるレストラン経営者を探してもらうよう、不動産会社に相談し始めていた。するとほどなくして借主が決まった。ロンドンオリンピックについての発表も同時に行っていたため、多忙を極めたが、電通時代のプロデューサー魂が蘇り、借主のレストラン経営者と二〇一七年九月オープンに向けて、準備を進めた。毎週末賃貸準備のために、部屋や蔵の片づけに名古屋から三重県まで通った。普通の引っ越しの荷物整理とは違い、長年そのままにしてあった祖父母や先祖の家財道具や着物、調度品など、歴史的にも価値のありそうなものなど、さまざまなものが混在していたため、すべてを整理するのに一年以上かけ、ゆっくりと選別をしながら片づけを進めた。そのため、二〇一七年の研究成果といえばエッセーくらいしかなかった。古民家の賃貸業務は、電通時代の空間プロデュースに近く、ビジネス自体は借主が行っていたが、ハード面の屋敷の整備やメンテナンス工事などは電通時代のプロジェクトマネジメント手法が大いに役に立った。一見研究とは全く関係のない別の道に逸れた遠回りともいえるこれらの作業が、実は後々新しい研究に繋がっていったのである。

○規定演技で教科書づくり

古民家再生のレストランオープンと時を同じくして、二件の出版企画の話がきた。いずれも、名古屋外国語大学出版会から出す教科書の共著執筆依頼であった。一つは、学長肝いりの世界教養プログラムという共通科目に対応した原稿依頼であった。この講義は担当しているものではなかったが、ご指名により「少子高齢化」について原稿を書くことになった。この科目は、通常非常勤講師が受け持つものであったが、今回出版する教科書については、すべて専任教員が書かなければいけないというルールがあり、専門外でも担当させられる羽目になった。このような無茶振りは、日本研究（政治経済）と同じで、大学ではよくあることらしいので、諦念し書くこととした。もう一つは、学科の一年生向けの教科書（アカデミックスキルズ）を学科所属教員全員で執筆することであった。会社勤めと同様、上司や会社に決められた仕事を担当することを〝規定演技〟と呼んでいるが、これはあまり好きではなかった。どちらかといえば、自分でプロジェクトを自由に発想して取り組むこと、こちらは〝自由演技〟と呼んでいるが、そのほうが得意であった。会社でもこの規定演技が得意な社員と自由演技が得意な社員に分かれると思う。組織で働く以上、会社であれ、大学であれ、この規定演技は逃れられない。

「企業について知る方法」という題で大学一年目の学生に理解できるように書く必要があった。二〇一七年の学科会議で企画が提起されたので、早速その日から構想を考え始めた。構成を練り、十一月と十二月に電通社員や日本経済新聞に取材を行った。そして冬休みや春休みといった長期の休みに関連書籍を読んで二週間程度で書き上げた。このような規定演技は、早目に片づけるに限るので、二月には原稿を完成させて担当者に提出した。ところが、この規定演技に不慣れなのは、どちらかというとアカデミア出身者の方であった。余談になるが、企業出身者は比較的早く期限内に原稿を提出したのだが、アカデミア出身の教員は実に半年から一年超遅れて提出していたのである。実務を経験している企業人は、執筆には不慣れであるが、期限に厳格である。一方、書くことには慣れているはずのアカデミア出身者は自分が遅れて提出することよって校正作業で他の教員にどれだけ迷惑をかけるのかという想像力が働かないらしい。スケジュールマネジメントができないようでは、学生にレポート提出期限を守らせることなどできないはずである。「隗より始めよ」[*]である。

同じような規定演技に、大学のワールドリベラルアーツセンターが発行する雑誌に、全教員が設定された特定のテーマに沿ってエッセーを書くものがある。こちらは短いものなので、テーマを与えられた日に書き終えるようにしている。その日にできることをしていないと、業務がたまって身動きがとれなくなってしまうということを、電通時代に経験しているからである。そのおかげで、いつも原稿提出は早い。こうした規定演技は好きなほうではなかったが、大学に来てからは与えられたテーマについても考えてアウトプットしていくことが頭の体操にもなり、使わない筋肉を使うようになるのと同じように、脳への刺激となることがわかったので、最近では前向きに捉え、楽しみにすらなっている。

ワールドリベラルアーツセンターの概要にある通り、これらも「社会への知の還元」に繋がると考え、この活動はとても評価している。

＊ワールドリベラルアーツセンター（World Liberal Arts Center）は、日本を含む世界のさまざまな地域の言語、文化、芸術、教育、社会、政治等に関わる問題を発掘し、総合的複合的観点からこれを研究・調査することで21世紀グローバル時代に真にふさわしい教養教育の理念構築に寄与する。研究成果は、和文・英文のジャーナルの刊行、各種研究会、講演会、シンポジウム、公開講座などを開催し、広く世界と地域に貢献する。（出典：名古屋外国語大学ホームページ）

○蔵から出てきた「研究」課題

次ページに掲載した学部長に提出した研究概要（二〇一八年二月提出）を参照していただきたい。

二〇一六年の学会の研究会における発表から一年半は研究という研究はなく、長期休みは菰野の屋敷を賃貸するために片づけや屋敷管理の会社設立に没頭していた。レストランオープンに伴い、敷地内にあるこちらも築百年弱の古い茶室の席抜きを四十八年ぶりに行うべく、蔵を整理していたときに、七十件余りの古文書が見つかった。また、その後別に見つかった同じ数ほどの古文書を含め、それらは今まで父や父の兄弟など誰にも知られていないもののようであった。最初の古文書の入っていた木箱のいちばん上には、「主君お墨付」と毛筆で書かれた封書が入っていた。明治維新後に菰野藩（一万二千石）の藩知事となった土方雄志公（土方家十三代当主）が、私の五代前の横山家当主である久左衛門（江戸時代は代官）に宛てた書状であった。大切に蔵にしまわれていた古文書が百五十年の時を経て姿を現したのである。幕末の坂本龍馬や西郷隆盛といった下級武士が活躍することで成し遂げた明治維新は、歴史好きにはたまらなく面白い時代で、関連本を中高時代によく読んでいた。その歴史が、発見された古文書により自分と繋がったような不思議な感覚にとらわれた瞬間であった。

それら古文書には、書状のほかに、家系図や初代横山伊勢守重廣《しげひろ》からの横山氏小傳まであり、当時の様子が書かれていた。土方公からの消息（手紙）が多く含まれていたので、早速現代の〝藩主〟である菰野町長の石原氏にお見せしたところ、古文書を読むことのできる町の古文書サークルに翻刻を依頼してくださった。最初に見つけたお殿様からの書状には、廃藩置県により東

２．研究テーマと成果物

本学に赴任以来、地域資源を学生に発見させて、それをPRする活動を学生とともに実践してきた。その模様は29年度の卒業レポートに描かれている通りである。

今回の研究は、地域資源となりえる菰野藩の歴史を横山家で発見された古文書を文献として研究者や学芸員の協力を得て、菰野藩の歴史の一旦を研究することにある。つまり、広報PRの題材となりえる古文書を地域資源化する試みであり、従来の広報PR実践型の研究活動とは異なり、多方面にわたる分野の専門家の協力を得て、古文書を現代文にし、歴史を紐解きながら、地域資源として成立させるための研究である。最後には、横山家の歴史と関連づけながら、江戸期の菰野藩や伊勢エリアについて多方面の方々と研究し、一冊の本にまとめ、菰野町の図書館に贈呈を行うことを目標としている。

３．研究計画

（１） 平成29年6月から平成31年8月：資料発掘、現代文に翻訳

（２） 平成32年春：現代文にした古文書の内容研究

（３） 平成（元号は未定）32年夏：出版に向けた編集活動

（４） 平成（元号は未定）33年春：１冊の本にまとめ菰野町に贈呈

４．研究費

基本的に自己資金で研究する予定である。ただし、すでに一部古文書の翻訳は菰野町の協力を得て、実施している。また、歴史的な価値があると判断された場合には、各種民間財団（三重県にある岡田文化財団など）に資金的な協力を仰ぐ予定である。

５．研究を進める上での課題

古文書の量も多く、古文書を現代文に読み下す時間に多くの時間が費やされることが判明している。古文書20ページに２か月と20万程度の経費が掛かり、発見された古文書の量と経費とスケジュールのバランスをどう取るかが課題である。潤沢に自己資金があるわけではないため、研究期間は３年を超える可能性もあり、研究計画にあるスケジュールでは完成できない可能性もある点についてはご留意を頂きたい。

研究概要

現代国際学部
国際教養学科
横山陽二

1．研究の経緯

平成28年より中菰野にある先祖代々の家、蔵、庭、茶室を菰野町の地域資源として活用し、維持をすることで地域プロデュースに取り組んできた。翌29年9月にはちそう菰野として母屋と離れを使用して料理屋を、江戸時代の蔵を活用してギャラリーをオープンし、「地域の魅力を創り、拡げ、動かす」地域プロデュースを実践してきた。その模様は29年11月の雑誌「大人の名古屋」、「凪」における特集で紹介されている。このプロジェクトは所有者であり研究リーダーを務める横山が専任教員として職務を遂行するにあたり、時間的物理的な拘束の少ない不動産賃貸業として地域プロデュースを実践しており、本業を妨げないレベルの関与に留めている

新たに研究計画を立てた契機は、賃貸するために片付けや整理をしていた蔵の中から古文書を発見したことによる。横山家の小伝、菰野藩に仕えた歴史家横山惟中が伊勢を旅した際に書いた紀行記、最後の藩主が横山久左衛門、久平に認めた消息、代官である久左衛門が業務として記録した代官記など多数の文献が含まれている。

歴史的な価値がある可能性もあり、すでに昨年9月より菰野町の教育委員会、古文書研究会が解読に協力をしている。

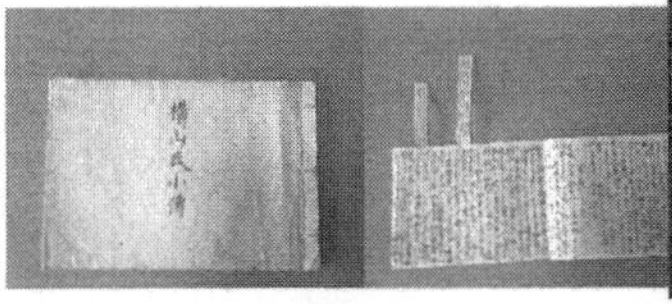
横山家の歴史

代官帳

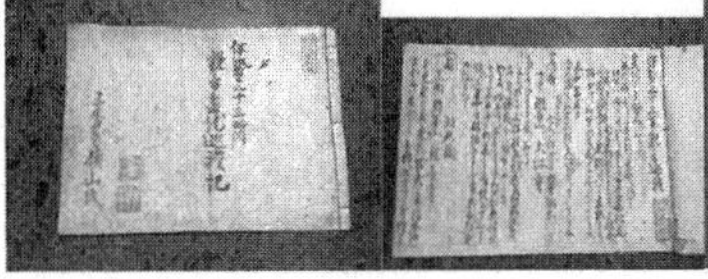
横山維中の伊勢紀行記

藩主からの消息

京に来るよう明治新政府に命じられた当主に、横山家先祖の久左衛門が当主不在の菰野を任され、当主の後から上京するよう依頼の内容が記してあることが判明した。このほかにも、いくつかの雄志公からの書状だけでなく、雄志公の父君である最後の菰野藩主雄永公から久左衛門の嫡子である九平（菰野村村長）に宛てられた書状もあった。先祖が代官を務めていたという話は、祖父母からも聞いていたが、古文書の小傳には、初代伊勢守重廣が伊勢長島の陣で、あの織田信長に謁見したとの記述もあり、歴史好きにはたまらなく興味をそそられるほど詳細なものであった。早速東京にある古文書を翻訳する会社に依頼し、家系図や戸籍、傳記の翻刻にとりかかった。

これらは家にかかわる私的なものであるが、その他の古文書も菰野の郷土史として貴重なものもあるかもしれないと思い、専門的知識のある名古屋外大の教員に相談してみることにした。その方のつてで知り合った名古屋市博物館の元学芸員に古文書の解析を依頼した。また、蔵から見つかった菰野藩藩主の祐筆であり郷士史家であった七代前の横山維中が書写したとみられる「伊勢三十三所　観音霊地巡礼記」が教員の目に留まり、紀要（二〇一九年春号）に研究ノートとして紹介された。そちらは、こうした江戸期の巡礼を現代に伝えるために書籍化に取り組み、出版する予定である。

こうして、横山家の歴史に加え、先祖が残した古文書を研究することで、菰野の歴史を解明することにつながり、地域に貢献することができるのではないかと考え、ロンドンオリンピックの国家ブランディング研究といったグローバルな視点からうって変わってドメスティックな菰野の郷土史に研究対象が移った。

これらの古文書の発見で、横山初代から自分までの歴史が繋がる見込みが出てきたので、ファミリーヒストリーをつくることにした。これは、大学の研究成果には認められないであろうが、菰野町の郷土史にはいささかでも貢献できるのではないかと考えた。そこで、古文書のすべてが翻刻される前に取り組んだのが、蔵で見つけた小傳に倣って自分もその歴史を残すべく、記憶が鮮明な祖父母についてまとめた。これは二〇一八年の冬休みと春休みに取り組んだ。写真も多く残っているため、写真を載せて『私とおじいちゃんおばあちゃんの思い出』として孫が書いたということがわかる題にした。そして次に取り組んだのが、医師で名古屋市議会議員でもあり、衆議院議員を二期務めた曽祖父横山一格についてである。曽祖父の一格については、自身が明治四十一年に設立した病院の会計担当が衆議院議員在職中に亡くなった昭和八年一月の半年後にまとめた『横山一格先生』という記録が祖父母の名古屋の家にあった。そちらをデータ化して、菰野町図書館にある郷土史コーナーの佐々木廣子さんに依頼し、昭和初期の楷書で書かれた字体をわかりやすく打ち直していただいた。その資料に加え、国立国会図書館にあるデータベースから衆議院議員の発言録を調べたり、名古屋市市政資料館にある名古屋市議会議員の発言録を調査したりしてその足跡をたどった。また、過去に一格について書かれた新聞紙面なども加えて横山一格復刻版の『横山一格先生』を創り、菰野町の郷土史コーナーに僭越ながら一冊寄贈させていただいた。寄贈した際に受けた取材の新聞記事を読まれた郷土史サークルから講演依頼を受け、二〇一九年九月八日に菰野町町民センターで講演することになった。次章の社会貢献活動にこちらも当たると思い、お受けしたのである。

二〇一一年から二〇一九年まで学生と菰野町をフィールドとしてその魅力を外部の視点で発見し、それを町のポスターや映像として情報発信に取り組んできたが、今後は研究概要に書いた通り、菰野の郷土史を地域資源として焦点を当て、内部視点より地域プロデュースに取り組んでいく予定である。

第五章　社会貢献活動

○大学教員の社会貢献と企業の社会貢献

大学教員にとっての社会貢献とは何か。教育、研究すること自体が社会に貢献することであると考える向きもある。たとえば、難病を治療する新薬を研究・開発する薬学系の大学では、研究そのものが社会貢献に直結する。古文書の研究を通して日本の知られざる歴史を解明することも、立派な社会に対する貢献であろう。前章で紹介した名古屋外国語大学のワールドリベラルアーツセンターも、大学にある「知」を社会に還元していくことを目的として、出版や講演、シンポジウムを開催して積極的に社会への貢献に努めている。しかし、近年の日本政府における大学改革では、さらに教育研究の成果を広く社会に提供し、社会の発展に寄与することを求めている。社会貢献のうち、とくに地域にたいする貢献を強く求めている。大学が持つ「知」の力で地域課題であるまちづくり、産業、観光、福祉、環境などのテーマを地域と連携して解決することを推奨している。それだけでなく、授業を教室だけで行うのではなく、フィールドワークなども取り入れるアクティブラーニングも推奨しているので、それらに積極的に取り組む大学も出てきている。そのなかでも有名な事例は、高知県の高知大学である。高知大学生が日高村で生産されたトマトを使ってソースやジャムを開発し、年間一千万円以上を売り上げて村に活力を与えているという事例である。これは、平成三十年一月の国会における施政方針演説で安倍総理が紹介したほどである。その高知大学は、地域協働学部という地域連携に力を入

郵　便　は　が　き

料金受取人払

名古屋東局
承認

１０３

差出有効期間
令和３年
11 月 30 日まで

＊有効期間を過ぎた場合は、お手数ですが切手をお貼りいただきますようお願いいたします。

461－8790

542

名古屋市東区泉一丁目 15-23-1103

ゆいぽおと

企業人から大学教員になりたいあなたへ
―元電通マンの大学奮闘記―　係行

このたびは小社の書籍をご購入いただき、誠にありがとうございます。今後の参考にいたしますので、下記の質問にお答えいただきますようお願いいたします。

●この本を何でお知りになりましたか。

□書店で見て（書店名　　　　　　　　　　）

□ Web サイトで（サイト名　　　　　　　　　　）

□新聞、雑誌で（新聞、雑誌名　　　　　　　　　　）

□その他（　　　　　　　　　　）

●この本をご購入いただいた理由を教えてください。

□著者にひかれて　□テーマにひかれて

□タイトルにひかれて　□デザインにひかれて

□その他（　　　　　　　　　　）

●この本の価格はいかがですか。

□高い　□適当　□安い

企業人から大学教員になりたいあなたへ
—元電通マンの大学奮闘記—

●この本のご感想、著者へのメッセージなどをお書きください。

お名前　　　　　　　　　　　　性別　□男　□女　　年齢　　歳

ご住所　〒

TEL　　　　　　　　　　　　　e-mail

ご職業

このはがきのコメントを出版目録やホームページなどに使用しても　可・　不可

ありがとうございました

れる学部を立ち上げている。ホームページを見ると「フィールドは、やま、うみ、むら、まち。地域協働を通して、地域社会の再生、展開に挑戦する全国初の学部です」と謳っている。まさに地域連携を前面に出した全国初の学部である。平成二十九年五月には名古屋外大に高知大学地域協働学部を招いて公開シンポジウム（シンポジウムチラシ参照）を開催し、教員と学生による多くの最先端事例が紹介された。

　教育行政をつかさどる文部科学省だけでなく、地方行政を主管する総務省も、大学における地域連携により地域貢献を後押しする政策を推進しており、全国の大学が主体となり、地域を活性化する事業を展開している。このように国を挙げて大学が地域課題を解決するように誘導しており、今後地方にある大学ではますますその傾向が強くなるであろう。

　では、企業の社会貢献はどうであろうか。企業における社会貢献の在り方は、企業の社会的責任という文脈のなかで、その時代に応じてテー

公開シンポジウムのチラシ

マと活動内容は変化してきている。高度成長期における企業の社会的責任の大きなテーマは、公害への対応であった。一九八〇年代後半からはバブル経済により企業は大きな利益を生み出し、社会貢献の取り組みとして芸術や音楽を支援するメセナ活動が大きなテーマとなった。経団連にも企業による社会貢献活動の進展のため一％クラブが誕生し、大企業を中心として社会貢献活動が活発に行われた。二〇〇〇年代に入ると、世界的にもＣＳＲ（Corporate Social Responsibility 企業の社会的責任）に取り組むことが主流化してきたので、グローバルビジネスを展開する日本企業にとって国内外でＣＳＲに取り組むことが必然となった。とくに二〇一〇年に発効したＩＳＯ２６０００の誕生前後より、日本国内では企業がＣＳＲ活動に積極的に取り組むようになった。二〇〇五年の京都議定書の発効によりスタートした環境省の地球温暖化防止キャンペーンにより、企業の社会的責任として地球温暖化防止に取り組むムーブメントが醸成され、企業は温暖化を防止する商品やサービスの開発とそのコミュニケーション活動を活発化させていったのである。

会社員時代はまさにその渦中におり、地球温暖化防止キャンペーンの一環としてエコポイントプロジェクトなどの開発に携わっていた。とりわけ、気候変動枠組条約と双子の条約とされる生物多様性条約締約国会議第十回会合（ＣＯＰ10）が愛知・名古屋に招致される情報をキャッチしてからは、国連生物多様性事務局（本部：カナダのモントリオール）、環境省の担当として、Ｃ

ＯＰ10情報を収集し、それを契機として企業の生物多様性ビジョン作成などのコンサルテーションを行った。また、エコプロダクツ展において企業の生物多様性の取り組みをＰＲするなど、企業のＣＳＲ活動を電通のビジネスとして支援してきた。企業のなかには、植林などを代表とする社会貢献的な取り組みから、生物多様性を本業であるビジネス活動とリンクさせる企業まで登場した。自然保護を行うＮＧＯやＮＰＯに寄付する社会貢献的な取り組みの段階から、生物多様性に配慮した企業活動をビジネス化することで、事業を通じて社会に貢献する企業が増えてきた。こうした自社の社会価値を向上させる企業の広告コミュニケーション支援に、より積極的に実務関与してきた。自社の本業である事業を通じて社会に貢献していくという活動は、二〇一一年にハーバード大学のマイケルポーター博士が発表した、ＣＳＶ（Creating Shared Value 共有価値の創造）という新しい概念で主流化していったのである。これまでの国内におけるＣＳＲは、法令を遵守して企業倫理を守る意味での社会的責任が中心であったが、新しい概念のＣＳＶが発表される前後からは、自社の本業で社会に貢献する事業を開発、推進していくムーブメントが日本の大企業を中心として活発化してきた。ＣＳＶには、地域貢献という考え方が強く出ている。二〇一三年にマイケルポーター賞を受賞した伊藤園が行う「茶産地育成事業」は、地域貢献の取り組みとして有名である。伊藤園は、国内にある多くの耕作放棄地を使用し、農家と自治体との協働で国産の茶葉を生産するなど、地域の雇用から土地活用までを本業で行っている。伊藤園の例のように、企業も本業のビジネスを通じて社会貢献に力を入れ、自社の社会価値を向上する活動を強化し、そして近年では広報活動を通じてこれらの取り組みを積極的に発信している。

ここまで、大学と企業の社会貢献についての取り組みの変遷についてみてきたが、いずれも社会貢献に積極的に大きな力を入れてきていることがおわかりいただけたと思う。こうした大きな時代の変化、及び企業における社会貢献をテーマにしたコミュニケーション活動支援業務を経験してきたことで、以下の三点を大学教員における社会貢献の基本方針にしたのである。

1　政府・地方自治体のまちづくり関連委員会における識者としての「知」の還元
2　講義、演習、ゼミなどで地域連携を組み込み、地域課題の解決への貢献
3　出版、講演、マスコミにおける情報発信による「知」の還元

1から3を通して、地域から日本を元気にする。

では、1から3の基本方針について具体的な取り組みを説明したい。

一　まちづくり委員会

先述してきた通り電通勤務時代には、名古屋市のまちづくり検討業務や横浜市における環境配慮行動の実証実験にかかわるなど、多くの地方自治体の街づくりに携わってきた。そして、

日本政府のCOP10にかかわる、誘致準備の誘致構想策定業務や支援実行委員会の主催事業である生物多様性交流フェアの基本構想から実施計画までの事務局業務、環境省の生物多様性有識者会議の事務局業務に至るまで、多くの計画策定に裏方としてかかわってきた。この事務局における裏方業務が評価され、表3のように多くの地方自治体から依頼があり、以後街づくりにかかわるようになったことからも、この裏方業務は非常に大きな資産となったといえる。この事務局業務の経験から、まちづくりでは単なるその場しのぎのコメントをするのではなく、実施のフェーズまで見越した発言を信条として、広報やマーケティングの視点から捉えることの重要性を痛感している。なぜなら、当時担当した事務局での大学教員の入り口論の言いっぱなしコメントや強いクリティカルシンキングだけの意見で、委員会の議論をへし折られる経験をしばしばしてきたからだ。そこで、できるだけ委員会がスムーズに進行するように出口を見据えた提案をするように心がけている。これは、かつて事務局サイドで苦労したからこそ得られたものである。自治体のまちづくりなどの委員会は、さまざまな人がそれぞれの思惑をもって集まるので意見の調整などで大変苦労するものである。そうした苦労を嫌というほど知っているので、できるだけ事務局が苦労しないように、経験を基に事を前向きに進められるように心がけている。これほど苦労する委員会での謝礼というものは、ビジネスレベルにはほど遠いものである。一回の委員会につき、二時間で一万円程度が大半で一見時給に換算するといいように思えるが、事前の資料読み込みに発言準備などを加味すると、せいぜい時給千五百円がいいところである。有識者会議はビジネスと捉えるのではなく、あくまで日頃の「研究」で得た知見などを活かす場と考え、ボランティア感覚で参加するべきだろう。

そこで具体的に携わった委員会を紹介したいと思う。

二〇一二年から名古屋城周辺に伊勢のおかげ横丁のような賑わいをめざした金シャチ横丁プロジェクトが立ち上がり、それにかかわった。自宅から近いこともあり、何度も足を運んではその構想に思いをはせたものである。そして二〇一八年春にオープンしてからは、日頃の運動不足解消に金シャチ横丁めざしてウオーキングするなどの楽しみとなった。名古屋城を訪れた観光客で賑わう金シャチ横丁は、平日でも海外からの旅行者でいっぱいで、土日ともなるとお店前には長い行列ができるほどとなっており、名古屋の観光に大きく貢献している。このプロジェクトには、委員会として参加しただけでなく、その後の事業者選定委員会まで務めたので、この賑わいを見るにつけ感慨深いものがある。

金シャチ横丁プロジェクトのように充実感を味わえるものもあれば、逆に後味の悪い委員会というものもある。ある委員会で、自治体の取り組みについて良かれと思って批判をしたことがあった。しかし、その発言が新聞記事になり、強い批判ではなかったものの、記事を見た委員会を開催している自治体から「あまり刺激の強い発言は控えてください」との電話をもらった。

表３　まちづくり関連の有識者委員会

2012 年	名古屋市　世界の金シャチ横丁（仮称）有識者懇談会　委員 名古屋市　東山動植物園戦略パートナー選定委員会　副委員長 鈴鹿市　都市イメージキャッチコピー委員会　委員長 静岡県　都市公園懇談会　委員　都市公園外部評価員（～ 2016. 3）
2013 年	瀬戸商工会議所　第 10 回記念瀬戸みやげ推奨品審査会　審査委員 名古屋市　世界の金シャチ横丁構想事業化検討調査業務委託事業者選定委員会　委員
2014 年	愛知県　愛知県観光戦略検討会議　委員（～ 2016. 3）
2015 年	名古屋市　金シャチ横丁第１期整備事業者評価委員 名古屋市　本丸御殿ミュージーアムショップ出展者評価委員 名古屋市　本丸御殿ミュージアムショップマーケティングアドバイザリー会議 鈴鹿市　地方創生会議　委員（～現在） 東海市　まちづくりアドバイザー（～現在）
2016 年	愛知県　あいち観光戦略推進委員会副委員長（～現在） 愛知県　あいちビジョン点検評価懇談会　委員 愛知県　技能五輪国際大会基本構想策定委員会　委員 名古屋市　なごや環境大学実行委員（～現在）
2017 年	愛知県　技能五輪全国大会・全国アビリンピック開催準備員会　委員
2018 年	中央職業能力開発協会　2023 技能五輪国際大会招致委員会「機運醸成部会」副委員長

そのうえ、以後批判した自治体からは委員会就任依頼がなくなった。まちづくり識者として、言うべきことは言うという姿勢が、自治体批判とみなされたようだ。このような後味の悪い経験もあるが、たとえ摩擦が起きようとも伝えるべきことは伝えるのが使命だと思い、今後もその姿勢は貫くつもりでいる。

表３以外にも、表記することのできない事業者選定にかかわる匿名の審査委員会もいくつか引き受けた。ただ、本業である大学の教育研究に支障をきたすことのないように、委員会の依頼はなるべく一年に五件までにしている。しかし、今後も教育

と研究に支障がでない範囲で、まちづくり委員会を通して地域貢献をしていきたいと考えている。

二　地域連携で地域課題に取り組む

表3に挙げた委員会は授業やゼミと連携させた案件が多いので、ここからはその事例を紹介していきたい。なお、ゼミについては第七章にて詳述する。

二〇一二年に委員長としてかかわった鈴鹿市都市イメージキャッチコピー検討委員会では、鈴鹿市のイメージを表すキャッチコピーを公募した。講義（広告論）でも同じ課題を出して学生にキャッチコピーを考えさせた。自分が考えたコピーが公式に使われる可能性があるという課題は、学生のモチベーションを向上させるという狙いがあった。授業の課題で学生が応募したコピーは、全体（千三百作品）でも二位に入るものもあるなど高い評価を受けたものがいくつかあった。外国語大学という特性から、言葉に関係するセンスが学生に備わっているからといえる。今でも鈴鹿市で多く使われている「さあ、きっともっと鈴鹿。海あり、山あり、匠の技あり」は、まちのキャッチコピーとして定着したようで、鈴鹿市の末松市長から会うたびに感謝されるほどである。また、鈴鹿市民だけでなく全国から寄せられたコピーに交じり二位に入った学生がいたことは、教員としても大変嬉しいことである。これをきっかけとして、学生たちのモチベーションが上がるこのような実際に使われる可能性がある案件は、必ず授業と連携させるようにした。同じような事例として、二〇一二年に就任した東山動植物園ブランド戦略パートナー選定委員会のキャラクターネーミング募集がある。こちらも学生に広告論の課題としてネーミングに応募させた。三千九百十二作品が公募で集まったなかで、課題で応募した学生のコピーがなんとグランプリを受賞したのである。教員の社会貢献活動と教育をリンクさせることにより学生のモチベーションが向上して成功した事例である。このように地域連携を授業に取り入れてみるのも面白いかもしれない。

地域連携で地域課題に取り組んだのは、有識者会議経由だけでなく積極的に自治体などと大学が地域連携協定を結ぶ試みも行ってきた。最初に連携協定を結んだのは、先祖と縁のある三重県菰野町であった。二〇一一年の客員教授時代にかかわった地域資源発掘事業以来、菰野町とはいろいろと連携した事業を行ってきたが、それら個々の事業をさらに一歩進めて包括的な連携を行うこととした。文科省からの地域連携事業への取り組み強化方針を受けて、大学法人としても二〇一四年八月に「菰野町との包括的連携に関する協定」を締結した。

この連携により、先に紹介した高知大学を名古屋外大に招いたシンポジウムにも、当時菰野町町長だった石原氏が無報酬でゲスト出演したり、亀山学長が菰野町主催の映画トークショーにゲスト出演したりするなど、相互の交流が強化された。この協定が締結される前の二〇一二年から、町の観光ポスター（表紙カバー写真）のキャッチコピーを学生たちが考えていた。これもまた広告論や地域プロデュース演習の課題として出題したものであるが、二〇一九年で八年目になる。この課題が出題されると、なかには実際現地に赴き、その風景などを直に確認しに行く真面目な学生も少なからず出てきた。絶妙なバランスで落ちない有名な大きな岩が菰野町の御在所にあるのだが、それがポスター写真になったときはゼミ生のコピーが採用された。町内のコンビニなどにも張られたポスターを、観光客の若い男性二人が眺めながら落ちない岩を話題にしていたところに遭遇したことがある。この岩をめざして御在所岳登山をしたのだが見つけられなかったとのことで、本当に存在するのか疑問視していたようだ。そこで、「このポスターのキャッチコピーは私の学生が考えたものなので、ちゃんと存在しますよ」と話しかけたところ、次回またそれを探しに登山をしに来るとのことだったので、ポスターとそのキャッチコピー効果を肌で感じることができて嬉しかった。このポスターは、菰野町役場で住民たちが投票する「ポスター総選挙」で採用が決まるものなのだが、インターネット投票も可能で、学生たちが自分のソーシャルメディアなどで投票を呼びかけたりするので、若いひとたちの菰野町知名度があがっているように感じられる。二〇一九年度の菰野町公式ポスターは、そのユニークなキャッチコピーで新聞、テレビなどのマスコミやソーシャルメディアでも大きく話題になった。こうした学生の地域との連携は、地味ではあるが、着実に菰野の知名度を上げていき、名古屋エリアに菰野町ファンを増やしていくものと確信している。人口四万人の街ならではの取り組みといえる。

最後に紹介するのは、地域活性化ではなく地域の環境問題という課題についての連携事例である。二〇〇五年の万博が開催された年に、名古屋市が立ち上げた「なごや環境大学」に二〇一六年より参加することとなった。これは、いわゆる市民大学であるが、学長に愛知万博の会場プロデューサーを務めた涌井史郎先生が就任された。涌井先生には、電通時代のCOP10でとくにお世話になり、先生が委員長を務められた生物多様性広報参画推進委員会の事務局ほか、多くのプロジェクトでご指導いただいた。そうしたご縁で、涌井学長の下にはせ参じた次第である。涌井先生の知名度を活かし、二〇一六年のエコプロダクツ展では、なごや環境大学の取り組みをステージイベントで紹介するなど、大学の知名度を向上させるプロモーション活動を実施した。翌二〇一七年度の地域プロデュース演習では、学生が制作した環境企画の実現のために、なごや環境大学と連携することになった。教育者でもある涌井先生は、名古屋エリアの大学と地域連携の協定を結んで、若い学生に環境活動のフィールドを提供するお考えを持っていた。そこで、演習で出た企画を、なごや環境大学が十二月に出展するエコプロダクツ展で実現させてくれる運びとなった。こうして名古屋外大は、なごや環境大学との地域連携第一号大学となったのである。名古屋外大との協定を契機になごや環境大学は、愛知学院大学、愛知淑徳大学とも地域連携協定を結び、若い学生が環境問題について考え取り組む体制を構築していった。

地域プロデュース演習で出た企画とは、兵庫県豊岡市のプロモーションである。豊岡市内にある中田ハンガーという会社のハンガーを活用して、ハンガーアートを行うという企画だった。中田ハンガーは最高級品質のハンガーを製作しており、アパレルのトップブランドに採用されているだけでなく、実はサステナビリティーにも配慮しているハンガーとして知られている。そのハンガーを使用したアートをエコプロダクツ展で展示して、環境配慮都市の豊岡市をプロモーションするというアイデアであった。実際のエコプロダクツ展での展示は、若干の企画変更はあったものの、演習となごや環境大学が連携することで実現に至った。その後もなごや環境大学とは、講義や演習で連携を続けている。環境問題を英語で教えるGovernance Comprehension (Environment) は、教室内で学習するだけでは環境問題を理解することが難しいため、なごや環境大学のさまざまなフィールド活動を紹介して参加するように促している。日本研究(中部地域) では、企業の環境コンサルをしているなごや環境大学のメンバーにゲスト講師をしていただき、この地域におけるＳＤＧｓの普及に取り組むワークショップを実施した。こうした連携の積み重ねが、二〇一九年六月に三日間で完売した、横山ゼミ企画・プロデュースの、なごや環境大学と中日ドラゴンズがタイアップしたエコバッグ制作につながっていったのである。このプロジェクトについては、ゼミの活動なので、後述する。

こうして地域と連携することで、授業にリアル感が生まれて学生のモチベーション向上につながるだけでなく、地域にもメリットがあり、とても良いウインウインの関係が築けることがおわかりいただけたのではないかと思う。

三　情報発信による「知」の還元

社会貢献についての最後の方針に話を進めたい。第四章で紹介した『元気な地域はこうして創る　地域プロデュース入門』は、学生の教科書を目的として作成したが、出版元はマスコミである中日新聞社の事業局であるため、一般にも販売されている。この本を読まれた地域の読者から、これまで多くの講演依頼があった。講演やシンポジウムのパネリストについては、表4をご覧いただきたい。基本的に講演は、ゆっくりできる春休み期間に行うことが多い。広報やまちづくりについてのコメントをメディアから依頼されたものについては、授業期間中でも電話で対応が可能であるが、講演はそのための調査や講演原稿の作成が必要なため、休み期間にオファーがあれば受けるというのが現状である。まちづくりについての講演依頼が多いが、日頃の「研究」と実践活動の話ができるため、講演ネタに困ることはない。しかし、一度だけどうしたものかと困った依頼があった。それは、『地域プロデュース入門』を読んで講演オファーをしていただいた三重県上野高校の事例である。これまで大学生向けに地域プロデュース演習に取り組んできたが、高校生については経験がなかった。それでも「高校生と地域プロデュース」という新たなテーマも興味がありチャレンジングだったので、講演と総合学習の講師をすることを承諾した。上野高校は、伊賀上野にある公立高校で進学校である。学生のレベルも高く、受験で国公立大学への進学を考えている学生が多い。そこで、大学と同じレベルで講義をしてみたが、優秀な高校生は広い講堂で体育座りという態勢で受講したにもかかわらず、とてもよく理解してくれた。というのも、半年間地域プロデュースに取り組んでもらった後で、伊賀市の地域プロデュースについてのクラス別プレゼンテーションに審査員としてかかわったときに、そのクオリティの高さに感心したからだ。講演の理解がなくてはできないことである。こうして、高校生にも地域プロデュースはいろいろな意味で有効なアプローチだとわかった。地域プロデュースのために自分たちの郷土を調べることで故郷への愛も確認することができたようだ。そして、クラスごとのチームで取り組みをすることにより、チームワークの大切さや自分自身の役割に友人の役割といったものも確認できたようだ。自分たちの強みを活かしながら、チームで企画を作り上げるプロセスを経たことがよくわかるプレゼンテーションだった。総合学習の終了後に高校教員が行ったアンケートを見せていただいた。地域プロデュース自体がアクティブラーニングであることもあり、学生の主体性を重視する総合学習にマッチしてい

表４　主な講演一覧

上段：主催者　下段：講演内容

2013年	東海都市連絡協議会 「『地域資源』を活かした『戦略的』シティープロモーション」
	なごや朝大学 「菰野町の地域資源を活用したプロモーション」
	瀬戸商工会議所 「瀬戸みやげ商品開発のプロモーション」
2015年	東海市 「元気な地域はこうして創る　地域プロデュース入門」
	三重県議会議員後援会 「地域プロデュース、そしてジャパンプレゼンテーションへ　～伊勢志摩から何を発信すべきか」
2017年	愛知県 「あいち観光戦略について　～戦略を読み込んで、参加して、愛知モデルを創ろう」
	三重県上野高校 「地域プロデュースとは？　総合学習におけるプログラム化に向けて」
2018年	奈良県平群町 「元気な地域は、こうして創る　地域プロデュース入門」
	愛知県 「技能五輪国際大会を愛知へ　パネリスト」
2019年	知多支部商工会青年部連絡協議会 「元気な地域は、こうして創る　地域プロデュース入門」
	菰野町郷土研究会 「こものと横山家代々の関わり　～初代伊勢守重廣から14代まで」
	愛知県 第２回地方行財政セミナー「元気な地域は、こうして創る」
2020年	菰野町教育委員会 「登録有形文化財（建造物）及び登録記念物（名勝地関係）登録答申記念講演会

た。そして何よりも活動を通して、自分たちの故郷への愛を深めてくれたことが、そのアンケート結果からわかった。教科書として作成した本を読んでくれた高校教員からオファーをいただいた総合学習の講師をすることが、逆に新たな気づきにつながった。

今後も、日頃の教育・研究の成果を地域に還元し、社会に貢献していきたいと思う。どんな視点での社会貢献が可能か考えてみてはどうだろうか。

第六章　大学教員の〝いろいろな〟仕事

これまで教育、研究、社会貢献という三つの大学教員の仕事について、経験事例を主として話を進めてきた。ここからはその仕事に加え、大学運営にかかわる業務についても説明したい。教育、研究、社会貢献の三つの仕事に魅力を感じた読者は多いと思うが、専任教員ともなると、それだけではない大学運営など、多くの業務が待ち受けている。いくつかの代表的な業務を説明した後に、大学教員の給与、昇任人事、待遇面についても伝えたい。この章を読んでいただき、大学教員を多角的に捉えた上で大学教員になるかどうかを判断いただきたい。

一 教授会

大学運営の意思決定は、学部ごとに組織されている教授会で行われる。教授会といっても構成メンバーは教授だけでなく、准教授、講師、助教も出席して月に一回開催される。教員選考から、学生の入学、休学、退学などの事項、そして学部内の諸規定の制定・改定などについて審議を行う。教授会の議長は、学部長が行う。教員に加え大学運営にかかわる大学職員も出席して、入試から就活まで適宜議題に応じて担当者から発言がなされる。どこの大学でも教授会は月に一回開催されるものだが、その運営については大学によって大きく異なるようだ。名古屋外大の教授会は、大変スムーズに行われるが、他大学では教員同士が延々と議論を戦わせ何時間も続くケースもあると聞く。トップクラスの企業人から教授になった方がかつて教授会の運営について苦言を呈していたことがある。企業であればメールで承認をとるレベルであるにもかかわらず、延々と時間をかけてやる意味がわからないと言っていた。これまでの八年間の経験では、すべての事項はすでにきれいに整えられてから教授会に上程されているので、一度も揉めた印象はない。先の企業人から教授になった先生同様、教授会という名称ではあるが、企業であればメールで伝えればいいような項目を承認する会議という印象だ。学則の変更や新しいルールができた際に、メールでは見過ごされるおそれがあるので、教員の面前で説明することで「覚えておくように」と言われているようである。広報を専門とする私としては、こうした教授会は組織内広報の一環として開催される情報共有会議に近いと感じた。名古屋外大の教授会は形式的な意思決定機関という印象が強いが、では実質的に大学運営を行う委員会についてはどうだろうか。

二　大学運営

専任教員は、大学が設置する大学運営に必要な事項を決定する委員会に属さなければならない。採用決定の半年ほど前に、先輩教員である高瀬先生に委員会のことを初めて聞かされた私は、先生の言われるままに所属する委員会を教務委員会にすることを承諾してしまった。

この教務委員会というのは、学部ごとに置かれている委員会で、授業のカリキュラム決定から単位認定、留学の単位交換認定など、学部運営の中核と位置づけられる組織のことである。ほかにも学生募集にかかわる入学試験委員会、海外の留学先大学との協定や留学にかかわる事項を審議する国際交流委員会、学生厚生及び学生相談に関する事項を審議する学生厚生委員会、図書館の運営や図書の購入方針を審議する図書委員会、キャリア教育や就活、インターンシップなどを審議するキャリア教育開発委員会など、多くの委員会がある。月に一回、専任教員はそれぞれの委員会に出席して、大学運営を行うためのルール改定や新ルール承認などを行う。基本的には大学法人の委員会担当者がそのタタキを作成し、そのタタキを基に教員が検討して決めるスタイルをとっているので、多くの委員会はさほど時間を取られるものではない。ただし、先に紹介した教務委員会は委員会だけでは済まず、日常でも忙しく調整や折衝と学生対応などに追われる。

大学に入って配属一年目は大学に不慣れだったため、毎月開催される委員会では訳もわからずただただ座って「承認」と頷いていただけだった。しかし実際の内容は極めて複雑で、たとえば、カリキュラムを変えるとなると現状のカリキュラムに影響が出てくるため、担当教員との折衝が発生する。一コマ変わるだけで他のいろいろな科目に影響が出てくるため、その調整に苦労する。また、進級の条件などは、学科長に相談してから学科の専任教員に諮らなければならず、結構な手間がかかる。こうして大学運営の複雑さと難しさを体験した。

企業とは全く違う仕組みに当初は面食らったものだが、この委員会における二年間の経験は、その後の大学教員生活に大いに役立った。学内力学から学内のルール創りなど、すべて目新しく、おかげで大学の仕組みが良く理解できるようになったので、高瀬先生には今となっては感謝申し上げたい。教務委員は大変なだけあり、人事面で厚遇される面があるので、学内での昇任を強く希望する場合には、自ら立候補して教務委員を務めるべきであろう。

しかし、不慣れな教務委員会の業務より企業人の経験を活かせることと、自分の所属する学部の就職内定率向上にとって必要な情報を得ることができるということから、二年後にはキャリア教育開発委員会に変更してもらった。では、キャリア教育開発委員会はどのような委員会であろうか。就活の結果（出口）は、入り口（学科の推薦や入試の人気）に大きく影響する。キャリア教育開発委員会は毎月一回開催され、各学部学科から専任教員がランチタイムに集合して学科別の内定率報告やインターンシップの受付状況の説明などを受ける。十月の内定解禁月には学科別にどのような企業に内定したかについて詳細な説明を聞くことができる。このような報告会は、どこの大学のキャリア教育関連の委員会でも同様だと思う。委員会では、日本経済新聞の就活関連記事が配布されたり、マイナビ、リクルート、ディスコなど就職関連企業のセミナー案内や関連資料も配布されたりするため、大変勉強になる。こうした資料は、学生たちにも大変参考になるので、授業時間の初めの一分ほどを使って、キャリア教育開発委員会において受けた説明や、就活情報を学生と共有するように努めた。

最近の大学がとくに力を入れているのが、インターンシップである。なぜなら、近年インターンシップが採用の過程で非常に重視されてきているからだ。当初は職場を体験するという意味であったものが、学生をいち早く取り込む就職活動の一環となってしまったようだ。

会社員時代に付き合いのあった地域活性化に取り組む出版社や大手のテーマパークのインターンシップ先を探してくるなど、積極的に委員会活動を行ってきた。夏休みに行われるインターンシップでは、派遣先企業への挨拶も教員の重要な業務である。企業出身の教員であれば、それまでのキャリアを活かせていちばん活躍できる委員会だと思うので、専任教員になった際には、キャリア教育に関する委員会に属することをお勧めする。

キャリア教育委員会に所属してわかったことは、アカデミア出身者は驚くほど企業の採用に関しての知識がないということだ。教員自身にその経験がないのだから仕方がない。学部・学科によっては、企業出身者がいない場合もある。一人でも企業出身者がいれば、その教員を中心として学科内における就活関連の旗振り役となって就活対策が可能となるのではないかと思う。

大学運営業務については大学行政上、重要であり全員参加であるため、企業出身教員も積極的にかかわることになるだろう。是非こうした業務があることを心に留めておいてほしい。

三　入試担当

大学運営業務も不勉強であったが、あまり考えていなかったのが入試業務である。幸いにも入試問題の作成担当をさせられたことはないので、負担は最小限に抑えられているといってい い。ただし、アカデミア出身ではないから入試問題作成をやらなくていいかというとそうではないため、入試問題作成を担当するかもしれないという心構えは必要である。

今までもこれからも入試問題を作成させられる雰囲気にないのは幸いなことだが、推薦入試における面接は毎年十月、十一月に担当している。加えて、二月と三月に行われる入学試験教室での試験運営や、問題用紙の配布と解答用紙の回収などの作業は、当然の業務として担当してきた。一般的に受験は、長い間試験勉強をしてきた学生の方が大変なイメージがあるが、教員サイドもかなりの準備が必要なため大変な業務なのである。推薦入試は、基本的に土日で行われるため、入試担当になると平日の講義と連続してしまうことになる。講義があるので、平日に有給休暇を取るわけにもいかず、何日も休みが取れないケースもある。教員はもちろん大変なのだが、より大変なのは学科長や学部長である。毎回出席しなければいけないからだ。試験の監督者ともなると、試験中に本を読んだりＩ－Ｐａｄを見たりすることはもちろんできず、一科目一時間として合計四時間程度、ひたすら座っていなくてはいけない。時により眠気に襲われるため、見回りや空調調節のために立ち上がったりして眠気と闘っている。学生に出す指示をスムーズにするべく、声を発する前に喉を潤すために飴をなめたりするのだが、声を出す直前に飴を噛み砕いたところ、その音が気になったというクレームが大学に来たこともあった。それほど受験生の神経は敏感となっているので、試験監督中も何かと神経をつかう。自分の大学の入試ですら気を使い疲れるのに、センター試験の監督者ともなると、その神経の使いようはその比ではない。何度か担当した入試業務で慣れたところで、大学教員がいちばん恐れるセンター試験の担当に当たってしまった。ご存知のように、センター試験は、全国一斉に同日同時刻に行う入試であるため、全国統一条件で実施できるように数冊の分厚いマニュアル本がある。詳細を述べることはできないが、とにかく細かく複雑怪奇なマニュアルであるとだけ言っておく。職業柄、イベントやテレビ番組の進行表に慣れていた私でさえも面食らったほどである。試験本番一か月前の十二月には、担当教員が教室に集められ、缶詰状態で四時間ほどレクチャーを受ける。もちろんその場だけではとても覚えられないマニュアルであるため、試験の進行責任者である主任ともなると、冬休み期間に何度もマニュアル本を読み返し、遅刻者への対応やトイレに立つ学生、気分が悪くなった学生への対応、その他さまざまなことを頭に叩き込まなければならない。

名古屋外大では、教員がその主任を担当し、職員が学生の誘導や解答用紙チェックなど教室外の対応を行うと定めているようだ。外国語大学という特色から外国人教員が多いため、助手が少ない名古屋外大では、学科長や年配の教員も二年に一度は必ず担当が回ってくる。センター試験は、朝の集合も早く、またこの時期は雪が降るケースも多いため、早朝に起床して最後の英語リスニングが終了するころには精も魂も尽き果てる。それほど、体力的にも精神的にもキツい大変な業務である。もちろん出勤手当がもらえるのだが、その手当の倍を支払って免除されるものなら、支払ってでも免除していただきたいほど過酷な仕事である。一度経験されるのも良いかと思うが、二年に一回担当しなければならないと思うと、とても憂鬱な気持ちになる。これを毎年担当させられる大学もあるというので、驚きである。

ところで、なぜ私大でセンター試験を行うのか。大学入試センターは試験会場確保や実施にかかわる人員の確保を目的として私大で試験を行うのだが、センター試験の受験者には私大独自の試験を受けずにセンター試験で合否判定をもらえるシステムがあるので、協力する大学にも志望者を増やせるメリットもあるのだ。

私の世代は、二月の入学試験一発勝負で現役か浪人かが決まったが、現在の入試は多様化しており、年内の推薦入試から一月のセンター試験、二月三月の大学独自の入学試験というように、複数回の試験がある。ということはつまり、教員にとってもそれだけの入試関連業務があるということだ。そうしたことも加味して、専任教員の業務量を見極めるといいだろう。

四　オープンキャンパス

オープンキャンパスは、今や高校生が志望校を決定する過程で大変重要な広報イベントになっている。企業出身教員は、こうした場面での高校生とその親との面談の際に力を発揮することができる。では、そのオープンキャンパスはどのように運営されているのかを紹介する。

オープンキャンパスは、受験生を集める目的として私大ならどこの大学も、最も力を入れている広報イベントである。オープンキャンパス全体は、入試広報室が主管で企画から実施までを担当する。これはどこの大学でも同じだと思われる。名古屋外大のオープンキャンパスの特徴は、地元で高校生に人気なラジオ局に来てもらい、人気ＤＪがステージイベントの司会を担当して、その様子をラジオ局番組の生放送で中継してもらって盛り上げる一大イベントにしているというところであろう。我々が高校生のときには、このような大規模な広報イベントはなかったと思う。興味ある大学に直接見学に行き、施設やその雰囲気を見て回る程度で、もちろん大学側や在校生からの説明会などもなかった。そのころと比較すると、今のオープンキャンパスは一種のお祭りであるといえる。大学のクラブ活動、サークル紹介から、入試や学費など細かなことへの個別相談会など、大学をあげての一大フェスティバルといってもいい。学科ごとのイベントもあり、名古屋外大ではすべての学科教員と教員に指名された学生が、それらイベントのスタッフとなるため、この行事は専任教員が絶対に外せないものである。九月から十一月にかけてある推薦入試の意思決定期間である夏休みの七月八月にオープンキャンパスは開催されている。大学や学科によって力の入れ方はそれぞれのようだ。こうしたイベントにはアカデミア出身教員だけの学科は不慣れで、総じて力が入っていないように思われる。一方、企業出身者はこの種のイベントに慣れており、大きな力を発揮する。名古屋外大の国際教養学科の場合、若手男性教員がオープンキャンパスの学科PRブース担当になることが決まっているので、若手の負担はかなり大きい。春先から準備を始める。ゼミごとにスタッフを推薦してもらったり、留学経験の話をプレゼンする学生を決めたり、さらには国際教養学科の売りである航空関連業界の客室乗務員やグランドスタッフになったOGに協力依頼をして、当日来てもらうようにコーディネートも行わなければならない。学科説明会のプレゼンから高校生に配る学科紹介のパンフレットなども担当者の業務になる。広告業界でいう、いわばプロデューサーのような役回りを一人でこなさなければならない。他の教員も高校生への模擬講座の講師や学科個別相談会で高校生やその親への対応は、毎年やることである。全体プロデュースを任せてもらえれば、さらに面白い企画にできる自信もあるが、模擬講義などの準備業務で忙しくなるので、あえて手を挙げることはしていない。

一度だけ、新学科設立前年の二〇一二年のオープンキャンパスで広報的なお手伝いをさせていただいたことがある。新学科で実績もなく、もちろん学生もいなかったため、どの教員がどのような講義を行うかを高校生に理解しやすいように視覚化したA４サイズのパンフレットに教員を登場させてわかりやすいものを作ってみた。このツールはオープンキャンパスに来た高校生やその親たちにわかりやすいと大変好評だったため、翌年からは別の学科でも制作したほどだった。国際教養学科の第一期生が入学してからは、教員のプロフィールとともに各教員のゼミ生にも登場してもらい、プロフィールとともに指導教員について紹介するメッセージをパンフレットに載せたところ、こちらも高校生に大変好評だった。そして自分や友人の載っているパンフレットを夏休み期間中に出身高校に持って行ってもらった。卒業生がその魅力を自らの言葉で語ることにより、出身高校の教員が名古屋外大の国際教養学科は楽しそうな学科であると興味を持ってくれたのではないかと思う。このパンフレットを活用して、学生が楽しそうに高校生たちに自分の学科や教員について説明していた光景は、とても微笑ましいものだった。こうした活動により、入学後の楽しい学生生活をイメージすることができたようで、この広報ツールは学科PRに大きく寄与したと考えている。広報活動の努力が実り、新学科が毎年代わる代わる誕生する名古屋外大においても、国際教養学科は今なお受験生から最も人気のある学科であり続けている。オープンキャンパスの影響力はそれだけすごいのである。このように企業出身者で、とくに広報の専門家であれば、さまざま効果的な作戦を考えてそれらを実施できるので、大活躍すること間違いなしである。

五　フレッシュマンキャンプ

名古屋外大だけでなく名古屋地区の大学では、一年生が入学したときに全学生と教員で一泊二日のキャンプに出掛けることが近年増えている。フレッシュマンキャンプは、一日も早く同級生や教員と親しくなり、大学生活に慣れるための重要なプログラムとして位置づけられている。国際教養学科の場合、毎年恒例の伊勢神宮参拝のため、伊勢や鳥羽あたりでキャンプを行う。このフレッシュマンキャンプも、国際教養学科では若手男性教員の担当となる。オープンキャンパスとは別の教員が担当することになっている。かつては、二つのイベントを一人の教員が担当していたが、とても一人では大変なので、いまでは二人でそれぞれ担当している。このフレッシュマンキャンプは、春休みに準備をしなければならないため、貴重な研究時間が奪われる。そのため、できれば担当したくないと願っていたせいか、これまで一度も担当しなくて済んでいる。若手というよりは年を取っていたおかげだろう。

では、具体的にはどのような業務があるのか。直接担当したことはないのだが、毎回参加しているのでその業務の大変さは理解している。宿の予約から行程については旅行会社に相談しながら進めるので教員の負担はそれほどでもないが、二日間の教育的なプログラムの企画から担当教員への説明及び運営スタッフである学生の指導などを春休みに準備しなければならない。プログラムが決定したら、今度は一年生に配布する日程表の作成を行う。教員は二日間のプログラムの企画から運営などのいわゆるプロデューサー業務を一人で担当するのだ。しかも、フレッシュマンキャンプの二日間は百名にもおよぶ学生の引率で、さながら旅行会社の添乗員である。名古屋地区の各大学教員に聞いてみると、やはり似たようなプログラムを実施しているとのことであった。本を読む研究生活に慣れたアカデミア出身教員にとっては物理的にも精神的にも負担が大きいだろう。そういうときにこそ活躍できるのが、企業出身教員である。

六　留学関連業務と海外インターンシップ

留学関連業務などは外国語大学ならではであるが、名古屋外大は、海外に留学生を多数派遣する大学として知られる。トーフルスコアをクリアし、大学の成績で一定の基準をクリアすれば、留学先の学費、滞在費、渡航費、教科書代、保険料、ビザ申請費用などすべて大学側が負担する「留学費用全額支援」制度がある。この制度を利用しての留学をめざす学生が、北は北海道から南は九州、沖縄から受験しに来る。東京から入学した学生もいる。留学にはかなりの費用がかかるものであるが、こうした手厚い支援制度により、日本人学生の留学比率は全国一位[*]になった。

＊「Times Higher Education 世界大学ランキング日本版2018」Official

私のゼミでも、半年の中期留学から一年の長期留学を経験した学生の比率は、四割から七割程度であり、他大学の教員に大変驚かれている。一か月の短期留学をいれると、ほぼ九割近くの学生が留学を経験している。ということで、「留学に強い大学」ならではの業務が多くある。

留学関連で専任教員が担う業務に、単位認定がある。半年から一年留学してきた場合、四年で卒業するためには、半年留学なら十六単位、一年なら三十単位まで留学先の大学で取得した単位を振替えることができる。国際教養学科では、その単位変換の仕方から留学先での宿題などの世話や学生指導、帰国後の単位認定までをクラス担任（ゼミ指導教員）が担う。留学する学生が多いため、この留学単位変換は教員にとってはかなり負担となる。教務委員は、さらに全学生の留学単位認定にも関係してくるので、帰国が多い春休みは休み返上で出勤して帰国者と面談するため、一人三十分から一時間の面談となるとかなりの時間拘束される。単位認定は教育活動に含まれるため、現地で使用した教科書から学習内容まで確認しなければならない。加えてゼミで出した留学中の宿題についても帰国後にレポートで提出されるので、それらを読まなければならない。これらすべて専任教員の業務である。

短期留学についても業務が発生することがある。短期留学については交代制で教員が留学する学生を引率しなければならず、一か月丸まる留学先に滞在して現地で生活しなければならない。その期間は自分の研究に没頭できない。持病の関係から、この付き添い業務は経験していないが、海外が好きな教員にとっては嬉しい業務かもしれない。ただし、現地でもいろいろと学生の対応などがあるため、あまり嬉しいという声は聞かれない。

前述の主な留学関連業務に加え、エアライン系の教員は夏休みと春休みに海外で行われるエアライン・インターンシップがあるため、休み期間は大変忙しくなる。ゆっくり書物を読んで本を書き、学会で発表するために自分の時間を費やすことは難しい。参加者のほとんどが女子学生で、将来客室乗務員志望者なので、エアライン・インターンシップの業務は客室乗務員出身の教員のみが行う。この業務も、時間的な拘束が長時間に及び、教員の負担は大きい。

ここまで大学運営業務、入試業務、オープンキャンパス、フレッシュマンキャンプ、そして留学関連業務について紹介してきた。次は、教員の待遇面についてお伝えしたいと思う。

七　給与と研究費について

専任教員になる前に先輩教授である高瀬先生から「大学教員の給与は、電通と比べると半分になる」と言われた。半分といっても、毎年会社の高額給与ランキングに名を連ねる電通の給与の半分なので、そこまで悪いわけではない。ただ、本当に半分になった。給与面だけを考えての転職はしないようにと、同じように企業人から大学教員になった先生が書かれた本にあった。ただ、友人や学会などで知り合った教員仲間と給与について情報交換してみると、同じ名古屋エリアでさえ給与に大きな差があることがわかった。かなり高い給与の大学もあれば、安い大学もある。国公立大学は、かなり安いといわれている。その上公務員であるので兼職にもいろいろな制限がある。名古屋外大の場合は、三件まで兼職が認められている。兼職とは、他大学の非常勤講師や企業の顧問などを兼任することである。私大はそれぞれルールを設けているので、興味のある大学には直接問い合わせてみるのがよい。ただ、大学教員が他大学で三件の非常勤講師、つまり三科目を半期で担当しても大きな収入増とはならない。理由はわからないが、毎年じりじりと給与が下がっていたので、私は収入増につながらない非常勤講師ではなく、企業三社の広報やマーケティングの顧問に就任し、自ら対策を行った。講演やテレビ番組の出演は、兼職件数の枠内には数えられないだけでなく逆に大学側から奨励されていたので積極的にオファーを受けるようにした。専門性を持つ企業出身教員なら、大学の収入だけを当てにするのではなく、米国の大学教員のように企業経営しながら教員を務めるような新しいスタイルの教員像をめざしてみるのもよいかもしれない。

次に研究費だが、これは企業でいういわば経費にあたる。ただし、会社のように飲み食いに使えるわけでなく、あくまでも研究と教育についてのみ使用できる。民間企業と比べると制限の多い資金であるが、講義で使う書籍や辞書、海外のＤＶＤなどが対象となる。研究で地域活性化の事例を調べて講義で紹介するという目的であれば、こうした場所でのフィールド調査にかかる費用も対象となる。学会の全国大会など東京中心に開催される場合が多いが、そうした出張も研究費で行ける。とはいえ、大学によっては研究費での出張には制限が多いところもある。名古屋外大の場合は、専任教員と特任教員に年間六十万円の研究費が与えられているので、必要経費として十分である。名古屋エリアの教員と情報交換してみても、年間六十万円というところが多い。教科書や教材にさらに支出ができるような恵まれた大学もある。こうした研究費についても、事前にリサーチすることをお勧めする。

専任教員には、学生指導や講義で使用する教材の保管、そして研究を行うために個室が与えられる。大学によっては大部屋で個室でない場合もあるが、これまで聞いた事例では専任教員でも講師以上であれば、ほぼ個室が用意される。個室と研究費があれば、不自由なく教育と研究に集中できる環境を与えられているといってもいい。名古屋外大では教員研究室の机や本棚などのレイアウトを好きにすることができるので、快適な環境下で毎日の教員生活を過ごしている教員が多い。電通の汐留で新築のオフィスビルに勤務していた環境に比べると、築三十年の建物にある研究室は、空調の効き具合や北側の部屋の寒さが気になるところではあるが、環境に適応していくと逆に快適な空間となる。研究室は、大学教員の特別な権利で企業人がいちばん憧れる特権なのではないか。

八　昇任（プロモーション）人事

ここからは、企業と同様に大学にも昇任人事があることをお伝えしたい。昇任人事を行う立場ではないので、知る範囲内での話であることはご了承いただきたい。

大学運営に関しての重要な局面では、学長と副学長がそろって教授会に出席して冒頭に重要発言を行うことがある。二〇一九年四月の教授会では、人事担当の副学長から昇任人事についての発言が出た。それは、これまであいまいだった昇任人事にしっかりとした基準を設けて決めていくという趣旨の発言だった。大学運営で大変業務が多い教務委員会に所属している教員は、その労に報いる意味合いもあってか昇任が早いということは前にもお伝えしたが、大学の昇任というのに必ずしも研究業績だけが昇任人事につながるわけではないということがわかった。というのは、優れた研究論文などない先生でも昇任することがあったからだ。昇任理由は「勤続年数が長い」ということであったらしい。昇任に勤続年数が関係することを、このとき初めて知った。あるいは、他学部に異動となったので昇任したというケースもある。これでは、民間企業で他企業に出向させるときに、熨斗紙を付けて送り出すという温情人事と一緒ではないかと思われても仕方ない。論文も学会発表もなく書籍も書いていないなかで昇任したという不思議な事例もあった。人事は、その権限を有するに人にどのように気に入られるかで決まる側面がある。それは企業でも同様に見てきたことであるが、こうした緩い基準を見直すために副学長は昇任人事の改革に取り掛かったのであろう。

名古屋外大はまだ三十年を迎える若い大学であるので、こうした人事も仕方ない側面があるのかもしれないが、歴史ある大学などではありえない話である。これからの基準明確化で、昇任人事の研究業績評価の信用を高める努力に期待したい。

大学教員の教育、研究、社会貢献という三本柱の仕事以外の大学運営業務について話してきたが、これほどまでいろいろな業務があって大変だと思われたかもしれない。それでも、企業出身者に大学教員をお勧めしたいのは、次章で紹介するゼミ活動の存在である。

第七章　横山ゼミナール

○ゼミナールは私が理想とする教育を実現する場

ゼミナール（通称ゼミ）は、講義、演習と並び教育の一分野に位置づけられる。名古屋外大のゼミは、二年生は基礎ゼミ、三年、四年生は専門ゼミとなっている。半期で修了者には二単位が付与される。基礎ゼミから専門ゼミに上がる際には、ゼミ指導者の変更は可能であるが、多くの場合は持ち上がりで希望する学生が多い。ゼミは専任教員のみの担当であり、非常勤講師が担当することはない。こうした国際教養学科でのゼミの構成は、他学部他学科と比較すると、カリキュラム上においても学生の指導上においても大きな比重を置いていることがわかる。というのも、国際教養学科は「学生ファースト」を徹底して学生と向き合うことをとても重視している。少人数で最長三年間、一人の教員が一人一人の学生と向き合うゼミ指導教員に高校のクラス担任のような役割を期待している。

少人数で学生を最長三年指導できるということは、自分が理想とする「教育」を長期スパンで行うことが可能となる。半期ごとに新しい学生に出会う講義や演習では、学生の考えや長所短所などを理解するのは難しい。半期十五コマの授業で学生すべてを理解することや細やかな指導を行うことは、物理的に不可能である。とくに横山ゼミでは、地域と連携することを重視しているので、一年間という長期間に同じテーマでフィールドワークをしてプロジェクトに取り組むことはゼミでないと難しい。グループワークを通して学生の特徴を理解することが可能となる。そうした活動を通して、学生たちの考えや本当の姿を見ることができるのである。十五コマの講義だけでは気づかない隠れた才能の芽などを発見することもでき、また、その才能を時間をかけて伸ばすこともできる。

教育の面からだけでなく、横山ゼミは社会貢献のうちとくに地域貢献に力を注いでいるので、ゼミでは必ず地域と連携することにしている。そのため学生がどれだけ地域を活性化できるかという本来の研究課題にも同時に取り組むことが可能である。

横山ゼミナールは教育、研究、社会貢献という三要素すべてを包括した活動といえる。そのため、このゼミ活動を一章独立して説明していくことにした。

○ゼミの指導方針

メガヒット曲であるＳＭＡＰの「世界に一つだけの花」はさまざまな場でも取り上げられている通り、その歌詞にある「世界に一つだけの花、一人一人違う種を持つ　その花を咲かせることだけに一生懸命になればいい」という箇所はまさに教育の理想であるといえる。ゼミ活動を通して、一人一人が持つ才能の種を発見し、その種からやがて花を咲かせる芽を出してあげる手伝いをすることが、私の理想の教育である。こうしたことを最高学府である大学の教員がやるべきものかという批判もあるかもしれないが、二十歳前後の若者にはまだ自分では気づかない、埋もれた才能があるかもしれないので、教育者という立場で少しでもその手伝いができればと思っている。

「世界に一つだけの花」を聴くにつけ、思い出すスポーツ選手とそのご両親がいる。平昌オリンピックのフィギュアスケートで銀メダルを獲得した宇野昌磨選手（名古屋市出身）と彼のご両親である。長男が同級生で幼稚園時代から家族ぐるみで仲良くさせていただいている。サッカーやダンス、テニスに体操と習い事が一緒だったこともあり、小さかったころの宇野選手もよく見てきた。当時身体が小さかったこともあり、彼はサッカーやかけっこなどでは友だちに敵うことはなかったが、初めてアイスリンクに立ったときには、水を得た魚の如くすいすいと滑って友だちとの鬼ごっこを楽しんでいた。ご両親はそのとき、その才能の芽に気づかれたのだと思う。彼のその小さな芽を大きく咲かせるために、練習への送迎だけではなく体調管理からトレーニングスケジュールに至るまで、ずっとリンクサイドに付き添って献身的にサポートしてきたご両親には頭が下がる。もちろん宇野選手自身もそれに応えるべく、人一倍努力してきた。こうした関係に教育者としての理想を見た気がする。

そこで、指導方針にこの芽＝長所（あるいは強み）の発見を取り入れ、徹底的にそこを伸ばすように褒めることとした。自分では自分の長所というものはわからないものである。そこで、学生の潜在的な長所をじっくり見極めて本人にそれを伝えるようにしている。このような指導方法は、一昔前の会社では正反対であったのではないかと思う。電通においても、上司や先輩からは短所を指摘され、それをいかに修正できるかばかり要求されていた。先輩から褒められるなどは皆無であった。徹底して短所を指摘されるため、自分のことが嫌になるほどであった。これは、甘い学生生活から厳しい社会人としての生活に一日でも早く慣れてほしいという親心からだったかもしれない。そうした指導がまかり通っていた時代である。あるいは、体育会出身者が三、四割を占める社内の古い体育会系体質からだったかもしれない。昨今の体育会系組織では、こうしたシゴキがハラスメントとして問題となっている。

今の学生はいわゆる〝ゆとり世代〟である。三割の学生が就職後三年で退職してしまう現状では、こうした古い体質は通用しない。さすがに現在は電通でもこのような指導はなされていない。できるだけ長所を探してあげて、それを褒めて伸ばしていく方法が今の時代には合っている。長所を伸ばすことにより、短所が相対的に小さく見えるようになって総じて良い結果を生む。しかし、社会人になるための準備として、四年生の後期には自分の短所も把握しておく必要があるため、やんわりと伝えるように心掛けている。それは、短所を自分自身で把握している場合、社会に出たときに他から指摘されても焦ることなくそれを修正できるようになるからである。

この長所を褒めるということに関して最も身近な先生は、母であった。母は優秀な姉と兄の下で小学校の通知表に2が並んでいた〝アヒルの陽ちゃん〟の才能の芽を発見して、絶えず褒めて伸ばしてくれたのだ。

一　基礎ゼミ

二年生の基礎ゼミは、十月ごろに学生の募集を始める。まず、ゼミ活動の紹介が学内に張り出される。なかには、その紹介文を見てゼミ指導教員に面談のアポを取る学生もいるが、一般的には、十月中旬に開催される各教員による五分間のゼミ紹介プレゼンテーションを見てから希望するゼミ指導教員にアポイントを取り、面談などを経て志望届を提出する。私の経験では、教員からのこれほど手厚い説明はなかった。志望する教員の講義を受講して、教員の専門分野が自分自身の興味ある分野かどうかを見極めたうえで、かつその教員が書いた論文を参考にして志望届を提出したものだ。そのうえセレクションも厳しく、ゼミに入れない学生も学科内に半数はいた。このようにゼミを取るというのはもはや昔の話である。ゼミの指導教員であった吉野先生に伺ったところ、もはや早稲田大学ですら講義を聞いて著書や論文を読んだうえで研究室に来るような学生は少なくなったとのことだった。

この基礎ゼミ紹介は、図2の通りの内容である。極めてシンプルである。アイデアと企画力でプロジェクトを創り、それを発信してみるとしか書いていない。くどくど書くよりも、簡単

図2　基礎ゼミ：「プロジェクトを創ろう、そして伝えよう」

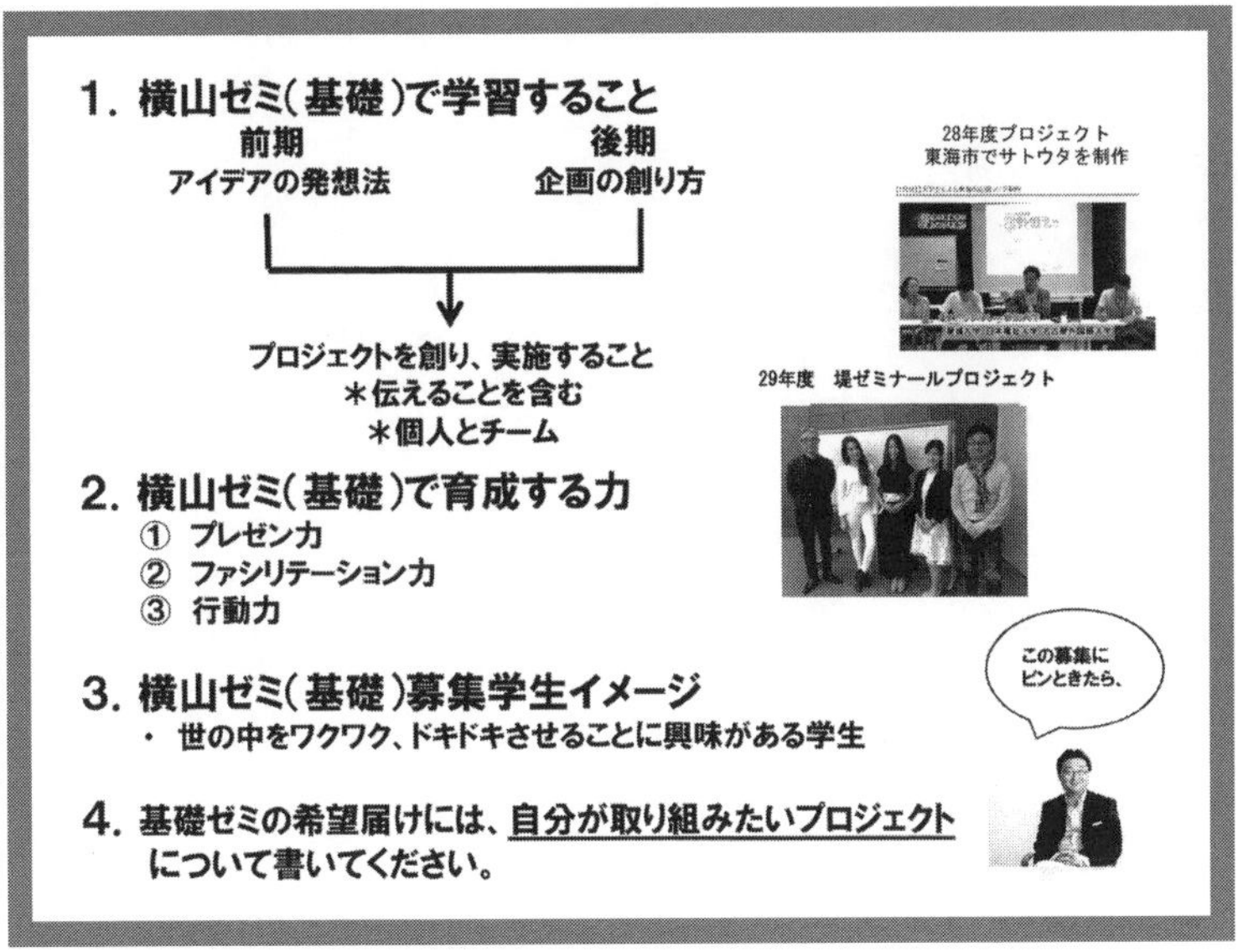
1. 横山ゼミ（基礎）で学習すること
前期
アイデアの発想法
後期
企画の創り方
プロジェクトを創り、実施すること
＊伝えることを含む
＊個人とチーム
28年度プロジェクト
東海市でサトウタを制作
29年度　堤ゼミナールプロジェクト
2. 横山ゼミ（基礎）で育成する力
① プレゼン力
② ファシリテーション力
③ 行動力
この募集に
ピンときたら、
3. 横山ゼミ（基礎）募集学生イメージ
・ 世の中をワクワク、ドキドキさせることに興味がある学生
4. 基礎ゼミの希望届けには、自分が取り組みたいプロジェクトについて書いてください。

に伝えたい内容を書く方が学生には興味関心を持ってもらえる。一方、ゼミ説明で力を入れているのが、全一年生を対象にしたゼミ紹介のプレゼンテーションである。常々学生にはプレゼンテーションの大事さを説いている。というのも、広告会社にいたときには全力でプレゼンテーションにあたっていたからだ。なぜならプレゼン一つで、一千万、一億、十億の仕事が決まるからである。そのなかで内容と同じくらい重要視していたのが、プレゼン時間である。日本政府の企画競合プレゼンなどでは、制限時間が十分のときもあれば十五分のときもある。その時間内に終わらないプレゼンは、評価が低くな

る。たとえば、テレビでも五分番組枠で五分十秒などはあり得ない。それだけプレゼンの持ち時間は重要であり、それを意識して事前練習をするようにとゼミ生には伝えている。ゼミのプレゼンが五分であれば、ジャスト五分で必ず終えるようにしている。広告会社出身教員のプレゼンであることを示さなければならないからだ。内容ももちろん戦略的に検討し、ゼミを最も感じられるように仕立てる。

電通時代は、立体的にわかりやすく企画書を書くのが得意ではなかったので、企画書を自分で完成させることはなく、プレゼンテーターを務めることが多かった。その代わり、プレゼンテーションには自信があった。行政の企画競合などは、企画書の段階で事前にセレクションがあるので、そちらは得意な社員に任せ、最終プレゼンテーションの機会が与えられてからは自分の強みであるプレゼン能力をいかんなく発揮した。ゼミ説明会では完成度の高いシナリオを考えて、アイデア、企画力、地域連携、伝えること(=広報)を重視した構成でプレゼンテーションを行った。企業で身につけたプレゼンテーション力を背景に、横山ゼミでは一年間でどのような能力を身につけることができるかをわかりやすくプレゼンした。その結果、毎年二十五名ほどの学生が研究室を訪ねてくれる。面談を重ねて希望者と教員で志望届を出すかどうか決める。横山ゼミの採用ルールは三点のみのとてもシンプルなものである。

まず、一番に研究室を訪ねた学生が志望届を出した場合は、無条件でゼミに入れている。次に、友人と訪問する学生は、ゼミで採用することはない。というのは、ゼミはサークル活動ではないからだ。あくまでも自己研鑽の場であり、自分自身が興味を持ったテーマを専門とする教員と向き合う場であるからだ。女子学生が多い国際教養学科では、友人と同じゼミに入りたいという学生も多く、友だちを連れて研究室を訪問したりする。そのような場合は、例外なくほかのゼミに志望届を出してもらった。そして最後のルールは、明るくコミュニケーション能力が高い学生を選ぶというものだ。これは、地域連携で企業や自治体、地域の方々と協働することが多いため、コミュニケーション能力が大変重要になるからである。

ゼミの説明会では、『元気な地域はこうして創る　地域プロデュース入門』を学生に紹介している。事前に学生が読めるように大学の図書館に一冊寄贈している。毎回数名が事前に読んだうえで研究室に来てくれる。こうした真面目さと礼儀をわきまえた学生も採用するようにしている。こうした基準で基礎ゼミ生を採用している。

ゼミ志望者のなかには、高校生のときにオープンキャンパスで面談した学生もいて、面談のときに横山ゼミ活動事例を紹介して以来、名古屋外大の国際教養学科入学を志望し、横山ゼミの一員になるために入学を果たしてくれた。何とも嬉しい話である。ここまで思ってくれている学生を落とせるわけもなく、ゼミに加わってもらったのはいうまでもない。ゼミ生の選定には、情ももちろん関係してくる。

このようなプロセスを経て、明るく元気で人をワクワクドキドキさせたいと思う学生たちが多く集まり、活発な活動が行われているのである。

○具体的な活動について

その1　個人プロジェクト

基礎ゼミの具体的な活動として、前期は主にプロジェクトのアイデアをどのようにして思いつくかを学生に身につけさせるようにしている。教科書には、電通の同期が書いた本を用いて、そこに書かれた内容を学生に実践してもらう。たとえば、電車で見た広告を題材に「誰に対して何を伝えたいのか」を考える訓練など、広告会社の社員が日ごろやっている習慣を実践させてみる。これは、知識偏重型の大学の講義では得られない、頭を柔らかくして情報感度や情報センスを高めるための重要なプロセスである。

後期は、逆に論理的に企画書をまとめることができるような訓練を行う。前期と後期で右脳と左脳を交互に使ったプログラムは、広告会社出身ならではのものである。こうした訓練を経て、学生には個人単位でプロジェクトを創ってもらい、そのプロジェクトのターゲットを設定してそのターゲットに向けてどう伝えるのかということを課題として課している。この個人プロジェクトのテーマは、自分が最も興味があり、何時間でも見ていられたり調べていられたりするようなテーマであれば何でも良いと指導している。それは、学生が最も興味のある事柄やテーマがどういうものであり、なぜターゲットとした人たちにそれを伝えたいのかを考えさせることにより、学生たちの考え方や長所などが見えてくるからである。前期にはそのプロジェクトの計画書を作成させる。そしてそのテーマについて夏休み期間に本などを読んで研究してもらい、実際にその場所に行ってフィールドワーク活動を行ってもらったりする。そして、後期になると企画書の書き方を指導するので、学生は自分のプロジェクトの企画書を作成し、企画書の内容を実施してターゲットに伝える作業を行う。ターゲットにどの程度「伝わった」のかを学生の成績評価の基準の一つとしている。

私が高い評価を与えた事例に、名古屋の覚王山という町の魅力をＰＲするシリーズ動画がある。地域活性化に興味がある学生が作成したものである。彼女は、四国から親元を離れて将来はアナウンサーになるために名古屋に来た学生であった。覚王山にある日泰寺の参道で催される門前市は、お年寄りで賑わうことで有名であるが、その魅力を若い大学生にも伝えたいということで、動画を作成したのである。夏休み中に覚王山を何度も訪れて、若者に魅力的なスポットを探し出し、覚王山人脈も築いていった。将来アナウンサーを志望していたということから、その動画は自分自身が覚王山をリポートするような構成となっていた。動画世代の若者に向けて作られた動画であった。そこで、知り合いの中日新聞の記者に彼女を紹介したところ、とても面白い学生ということで記者のお眼鏡にかない、その学生の動画と活動を二回に分けて記事で紹介してくれた。この学生のほかにも、三年生の地域連携の課題で応募する菰野町観光ビデオプロモーションコンテストの監督をするために、夏休み中に地域活性化動画の研究を徹底的に行ったりする者もいた。このように、学生がいちばん好きなテーマを選ばせてプロジェクト化すると、一人一人の学生の好みや長所、短所が見えてくる。プロジェクト化して伝える過程には、必ずしも自分自身が得意でないことにも遭遇する。そうしたときに、どのようにそれを学生たちが克服していくかも見ている。自分自身で解決できない場合、それに詳しい友人などに助けてもらうように奨励もしている。たとえば、自分のプロジェクトを伝えるときにチラシが必要になったとする。自分ではそのチラシのデザインができなかった場合に、友人でデザインが得意な学生を探してきてデザインしてもらったりすることも、このプロジェクト課題では可としている。なぜなら、社会に出たときには一人では仕事をすることができないため、誰かに頼って助けてもらったりできる人間関係を構築できるかどうかということも、学生評価の一つとして見ているからだ。

基礎ゼミの最終的な目標は、プロジェクトをプロデュースできるプロデューサーの育成であるが、実際には最後までプロジェクトをやり遂げることができる学生は六割程度である。どこかで挫折し、うまくいかなくなってしまうこともある。プロジェクトに企画から実施まで粘り強く取り組み続けることができる根気、根性、忍耐を持っているかどうかも教員として見ている。プロジェクトができなかった学生の原因を分析すると、いちばん大きな要因は夏休み期間にテーマの深堀りができなかったことにある。夏休みに自分のプロジェクトについて取り組めたかどうかは、夏休み明けに企画書がきちんと書けるかどうかに繋がる。夏休み期間にサボった学生は、最後までプロジェクトを達成できないケースが多く、そのような場合は次年度の専門ゼミでの選考対象から外すことにしている。

その2　地域と連携したプロジェクト　～地域が人を育てる

個人プロジェクトに加え、チームで取り組むプロジェクトを学生には必ず経験させることにしている。というのも、社会に出たときには必ずチームで仕事をするからである。また、これは同時に、一人一人のゼミ生がどのような役割を担えるのかという自分の役割の認識をすることと、チームにどのように貢献できるかを考えてもらうためでもある。このチーム活動でゼミ生の特徴は概ね把握することができる。責任感があるかどうか、積極的にチームを引っ張るリーダータイプかそれともフォロワータイプなのかなど、それぞれの特徴が表れるのでよくわかるのである。表5が基礎ゼミの地域連携プロジェクト事例である。

着任した二〇一二年当初はゼミがまだなかったので、その期間にこれからのゼミの在り方について構想していた。二〇一三年に基礎ゼミがスタートしたときにちょうど瀬戸商工会議所から瀬戸土産推奨品審査会の委員について打診を受けたので、初のゼミでは瀬戸商工会議所と連携することを考えた。これが名古屋外大の専任教員としてチームで地域連携活動を行った初事例である。お土産推奨品審査会が認定したお土産を集めたパンフレットの企画であったが、デザイン学科ではないため、企画のアイデア程度に収めるつもりでいた。しかし、高校時代にデザイン学科を志望していたゼミ生がいたので、その学生を中心にしてパンフレットの制作にとりかかった。何度か企画会議を行うなかで、アイデアが豊富な学生もいれば、キャッチコピーをうまく考えつく学生もいて、学生それぞれの特性がうまく働いていたので、デザイン学科でなくても「これならできる」と直感した。こうした企画での女子ゼミ生のモチベーションの高さには感心させられた。まだゼミ活動構想期間中ではあったが、自分が思い描いていた地域連携が名古屋外大で可能だと確信した。パンフレット企画と同時に、瀬戸にあるケーキ店から新商品のケーキ開発の話もきたので、教室でゼミ生に試作品を食べてもらった。日頃よりお菓子やスイーツを食べ歩いている女子ゼミ生たちの目と舌は厳しいものだった。ケーキ店からすれば、リアルターゲットのインサイトを知る良い機会となった。

中学高校と男子校で、大学でも男性中心の環境に身を置いていたので、女子学生のパワーというものを、このときにあらためて認識した。瀬戸との連携経験は、その後の地域連携におけ

表5　基礎ゼミでの地域連携プロジェクト一覧

	連携先	プロジェクト概要
2013年	瀬戸商工会議所	瀬戸おみやげガイド企画提案 瀬戸焼きそばのプロモーション案提案 ケーキ店の商品開発に参加
2014年	三重県菰野町	公式観光案内のリニューアル企画の提案
2015年	尾高高原キャンプ場 （菰野町内）	プロモーション企画競合（愛知淑徳大学、愛知工業大学）で勝利
2016年	東海市	東海市主催の「サトウタリレー」プロジェクトに参加し、優勝（参加大学：星城大学、日本福祉大学、名古屋外大）
2017年	三重県菰野町 映画監督　堤幸彦	サトウタフェスティバルの運営 堤ゼミナールへの参加
2018年	中日ドラゴンズ	なごや環境大学のエコバッグを中日ドラゴンズ応援グッズとして制作・販売

る積極的な取り組みを後押しすることになった。最初は学生たちにできるのだろうかと心配していたが、そんな心配は全く無用であった。ゼミ活動の基礎として広告論で、マーケティングとかインサイトという基本的な用語について学習していたことを、この企画によって実践することができた。こうした女子学生の力と今後の社会での活かし方については、第八章で詳しく述べたいと思う。

この本の表紙カバーでも使っているポスター（表左上）は、基礎ゼミのなかでも最も活動が活発で、卒業プロジェクトにまで発展した事例である。二〇一五年度の基礎ゼミで行われた地域連携活動である。「バーべきゅん」プロジェクトと呼ばれるこのプロジェクトは、二〇一五年に尾高高原キャンプ場の事務局長から、どのようにすれば若い人たちにキャンプ場を使ってもらえるのかという企画提案についてのオリエンテーションがあり、始まった。愛知県内にある名古屋外国語大学、愛知淑徳大学、愛知工業大学の三大学に話が持ち掛けられた。オリエンテーションシートがあったわけでなく、口頭でそのような話を受けたというレベルではあったが、この話は学生たち世代にいちばん取り組みやすいテーマだと考えて、基礎ゼミ後期の課題とした。前期で鍛えたアイデア力と、後期で学習した企画力を試す絶好の機会と考えて、ゼミの時間でこの大学問での企画競合の課題に取り組んだ。企画会議というものに不慣れな学生たちは、はじめのうちは何度か煮詰まってしまい、うまくいかなかったが、ゼミ以外のランチタイムや放課後に集合してこの課題に取り組むことにより、次第に良い方向に企画案がまとまっていった。チームがまとまり始めたころ、ある学生が雑談で「この高原の魅力は夜景が綺麗だから、恋が生まれそうだ」という話をしたところ、尾高キャンプ場の売りであるバーベキューを全面に出した「恋が生まれるバーベキュー」としてみてはどうかというコンセプトが生まれた。

その後は、恋するときに感じる「きゅん」とする感覚をそれにくっ付けてみてはどうかなど、次々とアイデアが生まれ、一気にチームが活気づいて「バーべきゅん」という造語が創りだされたのである。さらに、昨今の草食系男子に向けて「燃やせ肉、燃やせ恋」というキャッチコピーができあがった。その考え方をまとめた企画書が図3である。このときの学生たちの輝いた目は、一生忘れることができないものとなった。企画会議が煮詰まるなかで、何度も教室では重苦しい空気が漂っていたのを教員としても感じていた。こうした生みの苦しみというものは、いずれ社会でも味わうこととなるであろう。しかしこの生みの苦しさを経たからこそ、ターゲティングの重要性に気づき、インサイトをしっかり行ってコンセプトメイキングにたどり着けたのである。そしてその結果、企画競合を勝ち抜くことができた。そこから卒業までの期間続く、「バーべきゅん」プロジェクトがスタートしたのである。

三、四年の活動は専門ゼミであるが、この「バーべきゅん」プロジェクトを一貫して卒業プロジェクトまでの活動とした。

三年時の地域連携課題は、三重県菰野町で開催される菰野町観光プロモーションビデオコンテスト（二〇一五年～二〇一八年まで四回開催されて終了）である。このコンテストは、菰野町の魅力を外部視点で発見し、それを三分間の映像作品に仕上げるというものである。それを著名な映画監督である堤幸彦氏を審査委員長として審査していただくフェスティバルである。堤監督といえば、「20世紀少年」や、「トリック」、「スペック」などの大ヒット作品を手掛けた世界クラスで活躍する映画監督である。三重県四日市出身の監督が立ち上げた、「東海アクション」という東海地方を盛り上げる組織の協力により、堤監督にかかわっていただくこととなった。この菰野町のフェスティバルには地域貢献として半ばボランティアで参加していただいていた。一方学生たちも、日本映画界を代表する堤監督に作品を評価してもらえるとあって、各大学もゼ

ポスターの活用に関するご提案

ポスターの活用の付帯提案としまして以下の２点の提案をさせていただきます。

1. SNSの活用

今回のポスターのコンセプトが「恋が生まれるバーベキュー！？」です。そこで、バーベキューをした際に感じた、キュンとしたエピソードやバーベキューの写真を20代の若者の利用率の高いSNS（InstagramやFacebookなど）で、ハッシュタグを使い、募集します。SNSを活用することで共有による拡散が期待でき、興味を持ってもらうことも期待できます。その為、SNSの活用をご提案いたします。

2. エバラ食品株式会社とのコラボレーション

バーベキューの必需品が「焼肉のたれ」です。そこで、焼肉のたれで有名な「エバラ食品株式会社」とのコラボレーションを考えました。具体的な内容は、ポスターの撮影の際に、エバラの焼肉のたれを使用し、その様子をエバラ食品株式会社のFacebookやホームページなどでのPRに活用してもらうことで、尾高高原キャンプ場を全国に発信することができるというものです。

菰野町へのシリーズ展開のご提案

菰野町には4つのキャンプ場があり、ターゲット別にPRを展開していくべきだと私たちは考えました。そこで、ターゲット別にコンセプトを決め、シリーズ展開することを提案します。例として、尾高キャンプ場は「若者」、鳥居道山キャンプ場は「大人」、朝明キャンプ場は「子ども」、八風キャンプ場は「家族」といったようにターゲットやコンセプトを設定します。これにより、菰野町でのバーベキュー、キャンプはあらゆる年代に対応できることをPRすることができます。また、シリーズ展開することでPRに一貫性を持たせることができ、菰野町としてもバーベキューやキャンプをターゲット別にPRすることが可能になります。そして、シリーズ展開により相乗効果のあるPRが期待できる為、シリーズ展開の提案をさせていただきます。その結果、あらゆる世代にバーベキューといえば、菰野町のイメージが確立するものと確信いたします。

図3　バーベきゅん企画書

平成28年1月20日

尾高観光協会　御中

名古屋外国語大学
現代国際学部国際教養学科
横山ゼミ

尾高高原ポスター企画に関するご提案

1. 企画趣旨

現代の若者は、恋愛に関して奥手だという意味を込めて「草食系」と呼ばれることが多いです。そんな草食系な若者に対して、恋が生まれるような綺麗な夜景の見える尾高高原キャンプ場でのバーベキューを体験してほしいという思いを込めて、今回このポスターを制作しました。

このポスターのターゲットとして、バーベキューを好み、時間に余裕のある**大学生の世代である10代後半〜20代の若者**を設定しました。菰野町にある恋結び折鶴伝説に基づき、恋の生まれるスポットとしてもPRすることが可能だと私たちは考えています。

2. 企画のコンセプト

「恋が生まれるバーベキュー！？」

夜景の見える尾高高原キャンプ場で草食系から、バーベキューをして肉食系になり、恋が生まれるような体験をしてほしいという思いから、「恋が生まれるバーベキュー！？」というコンセプトを考えました。ポスターのバーベキューをしながら夜景を見るカップルの様子が、バーベキューから恋が生まれたことを表現しています。

3. キャッチコピーについて

世の中に対してムーブメントを作るために「**バーベきゅん**」という新しい言葉を考えました。この言葉は「バーベキュー」と「キュン」という気持ちの表現を合体させたものです。バーベキューでキュンとするような体験をしてほしいという思いが込められています。また、この言葉を受けて、尾高高原のキャッチコピーとしては、「**燃やせ肉、燃やせ恋**」にしました。この2つのキャッチコピーでバーベキューでの恋という社会的なムーブメントを作り、PRに繋げたいと私たちは考えています。

4. ポスター製作に関するご提案

4月に横山ゼミが尾高高原キャンプ場に招待していただいた際に、撮影を実施することをご提案いたします。なお、ポスターの2名の大学生に関して、横山ゼミに所属し、モデルとしても活躍している、エミリー岩村とアレックス池田の活用の提案をさせていただきます。

ミ単位で真剣に参加している。第二回のフェスティバルに、横山ゼミはこの「バーべきゅん」をテーマとして作品を制作した。監督から編集、出演モデルまですべてゼミ生が務めた。映像を専門に勉強しているゼミではないが、監督役のゼミ生は映像制作技術を独学で勉強していた。菰野町に遊びに来た名古屋の大学生が、夜景の綺麗な尾高高原キャンプ場で恋が生まれるという内容の大変良くできた作品であった。しかし、この年から参戦した金城学院大学の女子力を全面に押し出した作品に一歩及ばず、二位であった。これにより、学生たちは活躍できる舞台を用意してあげれば、外国語大学の学生であっても映像制作や編集だけでなく演技までできるということがわかった。この経験で、学生たちのさらなる可能性を大きく感じた。

結局教員は、どれだけ学生のやる気スイッチを押してあげられるかだと思う。この年の秋には、映像作品だけではなく、学園祭でも三重県菰野町のプロモーション活動を行った。学生たちがお金を出し合って菰野町から温泉の湯を提供いただき、学園祭の目立つ場所で足湯体験を行った。こうして学生たちの菰野町への愛情は、教員の予想をはるかに超えてどんどん自走していった。この学園祭には、当時菰野町の町長だった石原氏もゼミ生を激励するために公務で忙しいなか、キャンパスに来てくれたのである。ゼミ生もこのときは大変盛り上がった。

こうしてこの「バーべきゅん」プロジェクトは、次第に学内で有名になっていった。研究室に「バーべきゅん」ポスターを掲示していると、通り過ぎる学生がポスターを見て「バーべ

2018 カンヌ・クリエーティビティフェスティバル出品作品

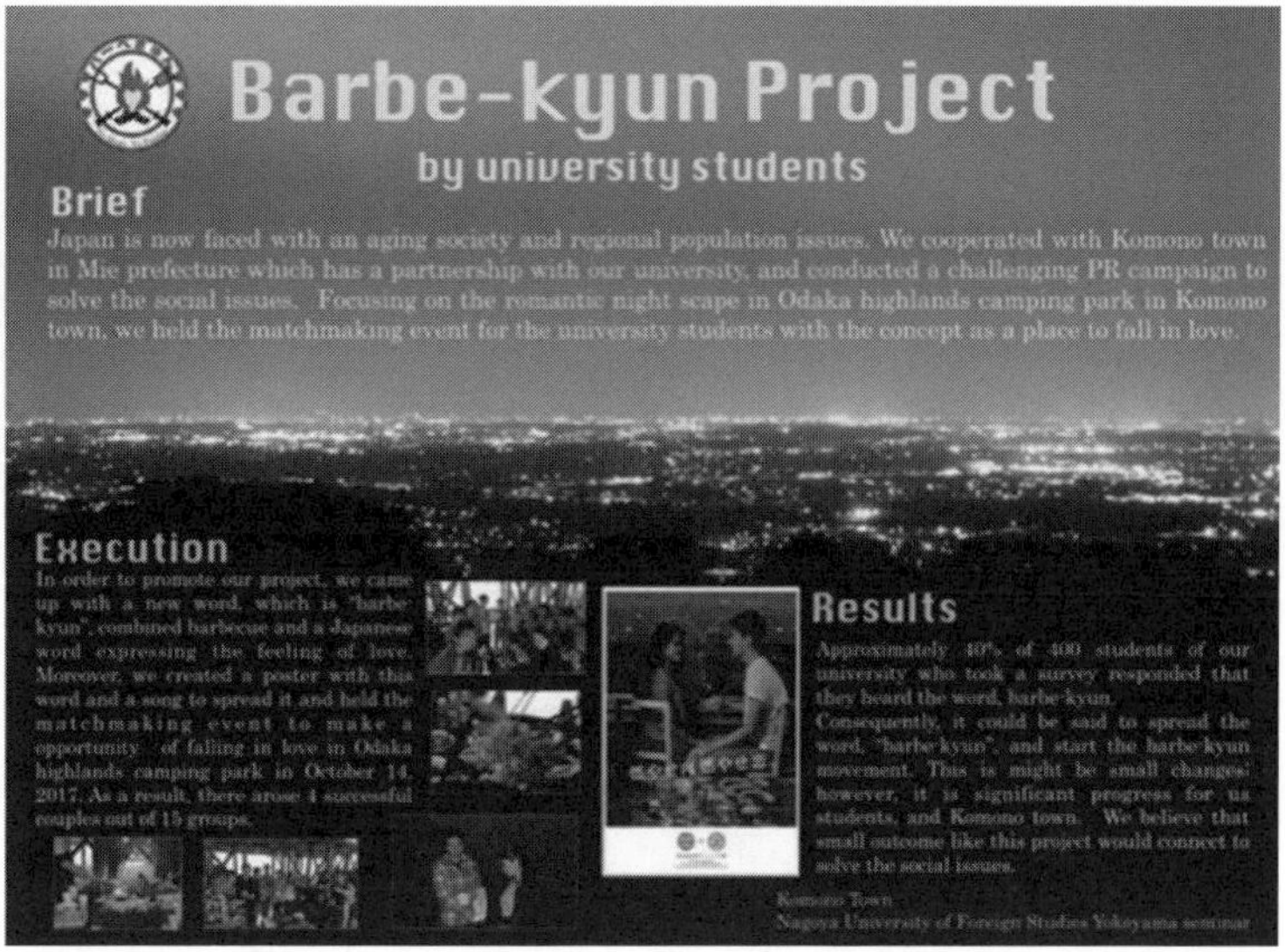

きゅん」について話題にしている声を多く聞くことができた。学内では、多くの学生がこのプロジェクトについて知っていた。学内の盛り上がりを受けて、三年十二月にこの代の卒業プロジェクトはこの「バーべきゅんプロジェクトの完成」に決まった。名古屋外大の教育研究推進助成費の利用申請にそのための予算を申請したところ、審議会を通り、「バーべきゅん」の活動の報告書作成から印刷、及びカンヌ・クリエーティビティー・フェスティバルへの出品経費が認められたのである。尾高高原キャンプ場におけるカップリングのためのイベントに必要な、肉や野菜に焼き肉のたれなどは、エバラ食品名古屋支社のご協力で調達する

ことができた。また、菰野町には、当日の送り迎えのバスを手配いただいた。まさに産学官の連携プロジェクトになっていったのである。

学生は、モチベーションが上がれば可能性を拡げ、自治体が予算をかけることなくさまざまな方面と連携するようになるのである。この代のゼミ生の取り組みは、その後のゼミにも大きな影響を与え、その後の卒業プロジェクトのベンチマークとなっていったのである。それと同時に、予算規模の小さい村や町における地域活性化の一つのモデルになり得る可能性も示せたと思う。

基礎ゼミでもう一つ紹介したいプロジェクトがある。それは、二〇一八年に手掛けた中日ドラゴンズ応援グッズ企画である。基礎ゼミで連携するのは、商工会議所や自治体、キャンプ場だけでなく、企業も連携対象となる。多くのプロジェクトを手掛けた横山ゼミは、地域連携ゼミという認知をある程度得てきていた。そこで、名古屋外大から初めて中日新聞社に入社したOBから、ドラゴンズ応援グッズ企画についての協力依頼が横山ゼミにきた。ゼミ生たちは、先輩たちの「バーべきゅん」プロジェクトを目標として、それを超えるプロジェクトを創りたいというアンビシャスでやる気満々だった。二〇一八年九月の第一回ゼミを、中日ドラゴンズ対ヤクルトの試合観戦に振替えて、学生たちに応援グッズや応援スタイルについて観察・調査をさせた。直前の夏休みには、一人一球団担当し、徹底的に人気のある応援グッズについて調査をさせた。とりわけ、カープ女子の応援で有名な三年連続優勝したカープの事例は興味深く、全員の研究対象とした。カープの背後には三井物産が絡んでいるなど、大きなビジネスになっているという発見も学生たちには勉強になったようだ。

今回の中日ドラゴンズ応援グッズ企画開発には、私が実行委員を務めているなごや環境大学と協働して、環境テーマと連携させることにした。というのも、大学が立地するエリアの最強スポーツコンテンツである中日ドラゴンズを活用して、環境配慮行動を行うようにできないかと考えたからである。二〇一九年二月がゴミ非常事態宣言からちょうど二十周年だったので、もう一度藤前干潟の埋め立て問題に立ち返って環境問題に取り組む良いタイミングだったからである。三名ずつ四チームに分かれてこの課題に数か月かけて取り組み、中日ドラゴンズ球団事務所でドラゴンズ応援グッズのプレゼンテーションを行った。そこで球団側の目に留まったのが、なごや環境大学とコラボレーションしたエコバッグの応援グッズであった。二〇一九年の春休みより、具体的なデザイン制作がスタートし、四月からはＰＯＰの制作から販売促進キャンペーンの企画、そして実施まで学生が担当した。ちょうどレジ袋有料化のニュースと時を同じくして、このプロジェクトが中日新聞、中日スポーツ、月刊ドラゴンズなどで紹介されたことで、六月七日の販売初日には、朝から名古屋ドームに問い合わせが相次ぎ、ネット販売はその日で品切れになり、楽天戦の三連戦期間に千個が完売となったのである。

以上が最初に手がけた瀬戸みやげプロジェクトから最近手がけた中日ドラゴンズプロジェクトである。どのプロジェクトもゼミ活動においてとても順調のようにみえるが、興味深いのは、毎年同じ方針でゼミを運営していても、まとまりがあるゼミになったりまとまりがないゼミになったりすることである。大学時代のゼミの先生から、「ゼミは結婚と同じである」という話をしてもらったことがある。つまり、結婚した夫婦と同様に、ゼミ活動は教員と学生による共同作業であるので、両者が信頼関係で結ばれているときは、同じ方向に向けて走ることができるのでゼミ運営はうまくいくが、教員と学生、あるいは学生同士の間でも方向性や考え方に違いがある場合は、同じ方向に走ることはできない。つまり、ゼミ運営は難しくなる。とくに横山ゼミは、さまざまな地域連携を通してチームで取り組むことが多いので、各代でゼミ運営に差が出ているようだ。企業でプロジェクトを開発し、推進する場合と同じである。

二　専門ゼミにおける学びと活動（三年生）

ここからは、三年生からスタートする専門ゼミについて話を進めたい。学科のルールとして、基礎ゼミからの持ち上がりではなく、二年生の十一月ごろに再度志望する指導教員を選ぶことになっている。再度ゼミ募集要項が掲示され、教員による五分間のゼミ紹介プレゼンテーションが行われる。これは、学生が一年間のゼミ活動を振り返り、残りの二年間で何を学ぶかを決めて自由に選べるよう配慮されて設計されたものである。実際には、持ち上がる学生が多く、横山ゼミでも九割が持ち上がりで、三年から参加する学生は少数である、というより、ほとんど皆無である。学生が希望届を出す前に、教員側としても継続して採用するかどうか判断を任されている。遅刻や休みが多い学生は継続採用されないのはもちろん、横山ゼミの場合は、二年の夏休みに個人プロジェクトの研究やフィールド調査などを真面目に行わなかった学生には、事前に採用しない旨を話したりしている。学生を厳しく評価して、学生のモチベーションを見極めたうえで、採用するかどうかを決めていく。図4に専門ゼミの募集要項を参考までに載せておいた。

二年生の基礎ゼミでは、アイデアや企画力などを身につける一年であったが、三年生は社会課題について勉強させる。そのうえで、その社会課題について自分が将来働きたい企業ではどのように取り組んでいるのかを調べさせ、自分が入社したらそれについてどのように取り組むかを発表させる。具体的には、伊藤園のCSR活動、CSV活動、SDGsに対する取り組みをケーススタディで学ばせる。毎年伊藤園のCSR部に連絡をして、紙ベースのCSR活動報告書などを郵送いただき、それを教材として学生に配布していた。貴重な生きた教材を活用させていただいていることに、この場をかりて御礼申し上げたい。企業が制作したCSRレポートやサステナビリティーレポートは、大学では教材となることもあるのである。

図4　専門ゼミの募集要項

【教員名】横山陽二

1968年生まれ（名古屋市）。20年間広告会社勤務のプロデューサーとして
企業、日本政府、地方自治体、地域などのプロデュースに従事。
特に、「人」のプロデュースが得意技。

【ゼミのテーマ】⇒ 専門ゼミは、各学年、各期でテーマを設定

● 3年生

前期：社会的課題（特に環境・地域活性）とソーシャル・コミュニケーションの研究

後期：① 企業（メディア含む）のソーシャル・コミュニケーション研究
② 自己プロデュース ～魅力の伝え方を研究し、実践する ～
③ ゼミ合宿（東京）
1日目 ： アド・ミュージーアム東京 企業訪問
2日目 ： エコプロダクツ展（企業の環境コミュニケーション研究）

● 4年生

前期：企業研究と自己PRプレゼン実習（キャリア指導は、個別に実施）
後期：社会人の常識を身に着ける。内定先企業の研究と将来ビジョンの策定
卒業チームプロジェクト

【専門ゼミで身に着く力】

3年 前期
・ プレゼンテーション力とファシリテーション力
後期
・ 企業を見抜く力
・ 自己PR力

4年 前期
・ 自己プロデュース力
後期
・ 社会人としての心構えと振る舞い

さて、専門ゼミでも基礎ゼミ同様、プレゼンテーションの機会を多く設けている。そのことは学科内の学生には有名になっている。三分、五分、十分、十五分、二十分と時間を区切り、決められた時間のなかで課題に対するレジュメ（A４ ワード表裏）を基に、プレゼンテーションを行わせ、さらにファシリテーションを毎回経験させる。会社のプロジェクト会議のように、最後にディスカッションのまとめも行わなければならない。これを何度も何度も繰り返させることで、プレゼンテーション力やファシリテーション力を養うことができるのである。プレゼンテーションが苦手という学生も、卒業時には堂々と人前でプレゼンテーションできるようになっていくのである。コミュニケーション能力というのは、結局は慣れによって備わるものだ。プレ電通時代には、社内会議や得意先のミーティングなどで毎日何度もプレゼンをしてきた。プレゼンをしているうちに、盛り上げるコツやまとめるノウハウが身についてきた。そうした経験から、学生にもできるだけいろいろなシチュエーションでプレゼンテーションを行わせている。上手なプレゼンテーションができる学生がいると、教員としては大変助かる。なぜなら、その学生を目標として他の学生が頑張るようになるからだ。

以上がおおまかな三年生のゼミの学習内容である。もちろん専門ゼミでもチームによる地域連携を行う。

○環境、地域活性化という二大社会課題に取り組む

電通勤務時代に取り組んだ主な社会課題は、環境と地域活性化である。前者では、地球温暖化や生物多様性という具体的なテーマについて、国連、環境省、自治体、企業、メディア、NGOなど多様な主体と協働することで解決する活動をビジネスベースで取り組んできた。後者については、横浜市、愛知県、名古屋市、菰野町などと取り組んできた。この二大分野が社会課題のなかでも得意分野である。そのため、学生にも指導しやすいので、この二大テーマでチームによる地域連携活動を行った。表6がその一覧である。

初めての連携先はJICAであった。環境についての地域連携先を探していたところ、電通時代の同僚がJICAとエシカルを広める活動を行っていたので、協力を求めた。エシカルは、環境よりもさらに広いテーマであったが、とても面白そうだったので、話を詳しく聞いてみることにした。エシカル活動に取り組む女優の藤岡みなみさんが、関東圏にある大学の学園祭などに出没するプロジェクトを、その同僚が担当していた。東海地区でも実施したいとのことであったので、横山ゼミ共催という形で開催した。エシカル活動の視点から、学内でそうした活動を調べてみたところ、驚くほど多くの事例が見つかった。ゼミ生にそうした活動を行う学生に発表してもらうように、エシカルイベントへの出演を依頼させた。

カンボジアを支援する学生もいれば、インドで学校創り活動に従事する学生もいて、多くの

表６　専門ゼミ３年のプロジェクト提携先とその内容

実施年	連携先	プロジェクト内容
2013年	JICA	エシカルイベントの主催 第１部　藤岡みなみと国際協力について考えるシンポジウム 第２部　エシカルキャンパスアワードの実施
2014年	なし	なし
2015年	菰野町	第１回　観光プロモーションビデオコンテスト参加（参加校：愛知工業大学、愛知淑徳大学）
2016年	菰野町	第２回　観光プロモーションビデオコンテスト参加（参加校：愛知工業大学、愛知淑徳大学、金城学院大学、名古屋学芸大学） 作品アドレス https://www.youtube.com/watch?v=GnMgJPEpey8
2017年	菰野町 なごや環境大学	第３回　観光プロモーションビデオコンテスト参加（参加校　愛知工業大学、愛知淑徳大学、金城学院大学） 作品アドレス https://www.youtube.com/watch?v=IbormAUGAMQ エコプロダクツ展にてリサイクルアートの展示企画・運営
2018年	菰野町	第４回　観光プロモーションビデオコンテスト参加（参加校　愛知工業大学、愛知淑徳大学、金城学院大学、鈴鹿大学、四日市大学）　＊優勝 作品アドレス https://www.youtube.com/watch?v=nFQWK5lfK1c
2019年	中日ドラゴンズ なごや環境大学 ＣＢＣ 愛知県	ドラエコバッグの販売促進キャンペーン 「まちイチ」藤前干潟をテーマとして番組企画提案と出演 あいち学生観光まちづくりアワード　＊優勝

学生がプレゼンテーションを行った。そのなかから優秀な事例を選んで表彰した。主催者であるＪＩＣＡの講評を聞くと、名古屋外大のエシカル活動はレベルが高く、とても驚いたとのことだった。共催者の私も、世界でこんなアクティブな活動をしている学生がこのキャンパスにいることに驚き、名古屋外大に対する評価がさらに高まった。初めての連携事例であったが、発表する学生の事前の学内リサーチから観客への告知、当日の会場演出に司会まで、ゼミ生がすべて自分たちで仕切るのをみて、これならさらなる難度の課題でも実施可能であると確信した。どこまで学生が自分たちでできるのか不安であったが、教員が学生たちのやる気スイッチさえ押せれば、彼らは責任をもってやり遂げることがわかった。この次の年度は、ゼミ生の多くが留学をして国内に数名しか残っていなかったため、連携事例が実施できなかったので、留学と地域連携を両立させることが地域連携を標榜するゼミの課題である。

○三重県菰野町との地域連携

二〇一五年から地域活性化をテーマとして、地域連携のため連携協定を積極的に活用した。ちょうどその前年に連携協定を締結した三重県菰野町から、菰野町の魅力を学生たちに発信してもらうことはできないかという打診をいただいた。その頃、映画監督の堤幸彦氏が出身の東海地区を映像で盛り上げる活動を行っていた「東海アクション」に私も参加していたので、学生が地域を映像で盛り上げる菰野町主催の観光プロモーションビデオコンテストに横山ゼミも参加することになったというのは、前述した通りである。このコンテストは、はじめ名古屋外大と愛知淑徳大学、愛知工業大学と三校だけの参加であったが、次年度には金城学院大学、名古屋学芸大学（二〇一六年のみ）も加わり、最終回となった二〇一八年には、三重県の四日市大学、鈴鹿大学も加わり、六大学九チームが参加する盛り上がりを見せた。私の本籍地である三重県菰野町の湯の山温泉は、かつて関西の奥座敷といわれて活況を呈していた。その賑わいを取り戻すために、まずは近鉄で一時間圏内の名古屋の学生にファンになってもらうべきだと考えていた。自然の豊かさが菰野町の魅力であり、なおかつ温泉もある。ちょうどこのコンテストが開催される前年に、この菰野町の魅力を活かした食と癒しのテーマパークであるアクアイグニスが誕生した。このアクアイグニスにより、若い学生たち、とりわけ女子学生に響く食の要素が菰野の魅力に加わり、学生たちのモチベーションが向上することになった。このコンテストに際して、毎年六月に各大学のゼミ生が菰野町に集合してバスで一帯を周回していた。尾高観音の視察に始まり、御在所ロープーウェイ、湯の山温泉、ラドン温泉で有名な希望荘、アクアイグニスを巡り、最後に尾高キャンプ場でバーベキューをして学生たちを盛り上げるという菰野町の心温まるおもてなしを受ける。これにより菰野町という町名さえ知らなかった学生たちが菰野町のファンとなっていくのである。夏休み期間には、コンテストのために各大学は菰野町で合宿を行い、映像作品の撮影を行う。このとき、各大学の教員といえば、学生たちが撮影するスポットを回る運転手を務めるのである。合宿で撮影した後、編集作業も学生が行うのだが、最近はスマホで映像を撮影し、プロ顔負けの腕前でパソコンソフトを使って難なく自分たちで編集をやってのけてしまう。

ゼミ生には、以下の三点に留意してプロジェクトに取り組むよう指導している。

1　自分の強みと弱みを把握する

2　他の学生の能力を見極めること

その役割を認めてチーム全体で取り組みを進めること

3　必ずチーム活動に貢献すること

自分の貢献できる分野や役割を掴むこと

そして、活動が終了した段階で、学生が引き受けた役回りを自己評価してもらい、ゼミ生全員の前で発表してもらうことにしている。これは、社会に出たときに自分にない能力を持った同僚を尊重して自身が担った役割をしっかり果たしてチーム活動に貢献することができるようにするためである。

こうした一連のプロセスは、教員にとっても多くの時間が割かれるが、学生の成長だけが成果ではない。一連のプロジェクト過程で、ゼミ生の特徴が把握でき、今後のキャリア指導に役立てることができるのである。

また、学生だけでなく、地域にも当然メリットがある。菰野町の観光コンテストは、地域と学生の距離を近づけ、教員が介さないところでも交流が継続されたりする。現に、ゼミ生のなかには、菰野町のイベントにボランティアで参加する学生まで出てきた。潤沢に予算がないレベルの町の活性化には、このような大学との連携が最も有効な手法といえる。

地域連携を行うことで、学生、教員、地域にもメリットがあることはおわかりいただけたと思うが、それだけではない。こうした地域連携は、大学にとっても広報という面でとても貴重な機会となる。自治体は、こうした活動を必ずマスコミに発表するため、新聞社や地域のケーブルテレビなどが取材に来る。学生が制作した地域動画をテレビで放映してくれることもある。実際、ニュース番組で横山ゼミのこうした活動を十分という長さで特集してもらったこともある。こうして、大学としても地域連携を通して学生や教員の教育活動を地域社会に発信することにつながるのである。こうした活動を学長自ら推進しているのが、名古屋外大の姉妹校で同じキャンパスにある名古屋学芸大学である。地域の自治体、企業、病院などと積極的に協働する活動を地元の新聞社が報道している。このように、地域連携は大学広報にとり重要な意味を持つ活動であるといえる。

○四年生のメインイベント　卒業プロジェクト

四年生の前期は、就活の関係で全員がそろって出席する日がなくなる。学生の就活については次項で詳しく伝えるとして、ここでは四年生のメイン活動である卒業プロジェクトについて触れたい。

横山ゼミでは、六月末ごろには就活が終わっている。就活をかなり早い段階で終わらせて、卒業プロジェクトをスタートさせる。卒業プロジェクトのテーマは、三年生の十二月ごろにみんなで決めてもらっているので、四年生の六月末ごろからは具体的な企画に移ることができる。二、三年生との違いは、教員がほとんどかかわらないようになる点である。二、三年のときには連携先と課題は教員側がお膳立てをするが、四年生は自発的な取り組みを促すために自分たちで行う。また、教員による指導も二、三年までで、四年になると急に教員が冷たくなったと感じることだろう。これは、自分たちのプロジェクトは自分たちのチームの力でやり抜くということを教えたいからである。そしてこの経験を社会に出るための一つの準備としたいからでもある。

国際教養学科一期生は、日進キャンパス周辺のカフェを取材し、一冊の本にまとめる企画をみんなで考えて、活動していた。チーム別にカフェを取材してきたが、それを一冊の本として完成できない事態になってしまった。その原因は、ゼミ生にプロデューサーが不在だったためである。まとめ役がいなかったことと、個人個人の意思が強すぎてうまくまとまらなかった。

これは企業が企画競合で負けるパターンに近い。プロジェクトを仕切るマネジメントができる人材がいないと、失敗するのと同じである。これは一期生には良い経験になったと思う。「失敗は成功のもと」である。どうして失敗したのか、原因を究明し、社会で活かしてくれれば失敗も成功といえる。

二期生は、基礎ゼミで行った「バーべきゅん」プロジェクトに継続的に取り組み、活動の集大成として二年半の活動を一冊の本にまとめた。そして、世界に菰野町をPRするためにカンヌ・クリエーティビティーフェスティバルに出品した。このようにいろいろとスムーズに活動できたのには、一期生と違いプロデューサーがいたからだと考えている。国際教養学科二期生のゼミ生には、プロデューサー役が存在していた。企画力も、メンバーを統率するリーダーシップもあり、そして何よりやり抜く責任感を持っていた学生の存在が大きかった。だから、複雑で難易度の高いプロジェクトを完成させることができたのである。

三期生は、二〇一九年二月にごみ非常事態宣言二十周年を迎えることもあり、子どもたちに読んでもらえるような環境絵本を企画した。おりしもペットボトルが海洋に及ぼす影響が大きく報道されていた時期だったので、その問題を小学校に上がる前の幼児たちに読んでもらえるように、絵本の制作を企画した。ストーリーは学生が考え、プロデューサー役の学生が姉妹校の名古屋学芸大学のデザイン学科の学生に作画依頼をしたところ、とても可愛い絵を描いてもらえた。そこで、クラウドファンディングのCampfireで絵本にするための資金を募った。十三万円ほどの資金が集まり、製本化が実現した。寄附いただいた方々にはできあがった絵本を送った。そして、なごや環境大学のゴミ非常事態宣言二十周年イベント会場で、子どもたちに読み聞かせを行い、ペットボトルを海に捨てないように呼びかけを行った。

こうして後輩たちは一期生の失敗に学び、卒業プロジェクトを見事実現させた。

四年生後期では、社会に出る準備として社会常識を教えることもしている。新卒者が三年で三割退職してしまう現状を何とかするためにも、社会に出る直前の学生に社会の厳しさとルールを教えておく必要があると考えたからだ。新入社員教育には、電通時代に少々苦い経験がある。新入社員を連れてとある懇親会で高級焼き肉店に招待されたことがあった。おもてなしを受ける側ではあったが、先方から促されることもなく勝手にオーダーをするなどはマナー違反である。しかし、この新入社員は、相手方のいる前で、勝手に店員を呼びつけて、白米を頼んだのだった。白米くらいいいではないかと思われるだろうが、家族で行く食事会とは訳がちがう。先輩の私は大変恥ずかしい思いをし、その場を必死に取り繕わなければならなかった。ひとえに私の新入社員指導の不十分さからの出来事だった。こうした当たり前のマナーすらなかなかできる者たちがいないのは、教育機関の問題というより家庭の問題かもしれないが、会社同士の付き合いともなると、いろいろな場面でお互いに気遣う必要がある。こうした会食の場でのマナーもしかり。四年生の最後には、こうしたことも細かく指導するようにしている。また、社会人になるための心の準備をさせる目的として、二〇一九年後期からはＰＨＰ総合研究所元社長の江口克彦先生の著書『仕事の基本』（二〇一八　日本実業出版社）を学生と輪読した。三年で三割が離職を経験してしまうのは、本人にも企業にも損失となる。社会人になるための心構えを事細かに指導できるのは、企業出身教員ならではであろう。

最後に、卒業論文について触れておきたい。国際教養学科では、卒業論文は必修ではなく、学生が選択することになっているので、毎年四、五人の学生が卒論を提出する程度である。これまで横山ゼミでは志望する学生はいなかった。他ゼミ所属学生から指名をされて、卒業論文の指導の副査を務めたことがある。当該学生の卒論テーマが環境問題だったことから、ご指名があったようだ。英語で書かれた論文だったので、審査会前の冬休みにかけて論文を読んだ。たった一人の論文であったが、教員にとって卒業論文は、大変な労力を要する指導案件であることを経験した。何人もの卒業論文を見なければいけない卒論が必須の大学に勤務することになる場合は、覚悟が必要だ。

三　ゼミ生の指導

横山ゼミの基礎ゼミと専門ゼミは、かなりの労力と愛情を投入して行われていることがおわかりいただけたと思う。教室でのゼミに加えて、フィールドでのプロジェクト活動を一緒にすることで、学生一人一人の理解がより進む。その他の指導である、留学、就職活動に向けたキャリア指導にもその理解が生かされる。

○留学指導

名古屋外大は日本人学生の留学比率が全国一位である。留学に対する支援はかなり手厚い。そのため北海道から沖縄に至る日本全国から学生が来ている。そこは名古屋外大の最も評価できるポイントである。自分自身の留学経験からも、学生にできるだけ留学するように指導してきた。近年の学生は、極端にいえばスマホ・バイトだけで生活が完結してしまっている。加えて少子化からか親も子に甘く、なんでも協力してしまうことがある。学生の発表でも親が手伝っているケースもあるほどだ。そうしたレポートはすぐわかるのだが。こうした甘えから自立した大人になるためにも留学は大変良いチャンスである。

違う文化の慣れない環境で、下宿の契約から車の契約、病気になっても歯が痛くなっても全部一人でやっていかなければならないという大変さは、学生時代の留学経験で思い知っているが、このような厳しい環境を国内で創りだすことはなかなかできない。生活はもちろんだが、海外での大学の講義はより厳しいということはいうまでもない。英語での講義のため、必ず予習復習しないとついていけない。ほぼ毎回、講義内でも発言を求められる。日本の講義スタイルとは大きな違いがあるのだ。学生指導においても、日本国内ではハラスメントといわれかねないぐらい厳しい指導が行われるケースも海外ではあるようだ。このような厳しい環境に身を置くことは、国内の甘い環境から脱して、自立した大人になるのに適しているといえる。ゼミ生に留学すべきと勧めていると、教育のアウトソースといわれても仕方ないが、そうした批判があったとしても留学するだけの意義はあると考えている。

名古屋外大の手厚い留学支援サービスを受ければ、日本の授業料の支払だけで一年間留学ができるのである。こんな親孝行な留学支援がある大学で、留学しない手はないと思っている。ただ、そうだとしても、もちろん全員が留学できるわけではない。留学できない学生もいる。留学のための全額支援制度を受けられるには、トーフルスコアや成績評価が審査の対象となるからである。トーフルの具体的な点数は申し上げられないが、さほど高くはない。その英語レベルでは、留学後の講義についていける保証はない。なお、一、二年で英語を学習してこなかった結果、全額支援の留学支援制度を受けることができない学生は多い。

留学先でどのような科目を履修すべきかどうかの相談も多くある。ゼミ生のキャリア志向を聞いたうえで、履修すべき科目も指導する。帰国後の単位変換も見据えたうえでアドバイスをしておかないと、帰国後に単位交換ができないということにもなりかねないからだ。現地に行ってからは、全く連絡をして来ない学生もいるが、最近のメディアの発達のおかげで、留学中もメールやラインなどでマメに現状を教えてくれる学生も多い。

帰国後は、単位交換のために何度か面談を行うのだが、一番の楽しみは留学中のレポートを読むことである。こうしたレポートから、厳しい環境のなかでどのように一人で生活して自立することができたかや、他国で生活するといかに日本が過ごしやすく、安全清潔で便利かを、身をもって経験してくることがよくわかる。この留学経験で大きく成長した学生は実に多い。自分の考えをゼミで発表するのが苦手だった学生が、帰国後には積極的にコメントできるようになる。日本文化では「沈黙は金」で黙っていてもあまり何も言われないが、海外では自己を主張しないとおかしいとされてしまうので、そうした文化にもまれて帰国すると、積極的に自分の考えをもち、自ら発信することができるようになる。

このように学生がさまざまな面で成長する留学を学生には推奨しているが、地域連携プロジェクトをやりたいがために留学しなかったという学生も出てきたので、この解決しがたいジレンマには責任を感じている。

○キャリア指導

最も力を入れてきた活動である横山ゼミナールにかなり紙面を割いてきた。大学運営や入試業務でどれだけ多忙になろうとも、一番にゼミナールを重視してきた。

この章を締めるにあたり、キャリア指導についても少々触れておきたい。二年生の基礎ゼミをスタートさせると同時に、ゼミ生に将来のキャリアイメージについてプレゼンテーションをさせることにしている。これは、学生それぞれが将来どのようなキャリアに就きたいかについて把握しておくことで、それを意識したゼミ運営ができるようになるからである。入学時には、国際教養学科の学生の七割がエアライン業界へのキャリア志向があるが、横山ゼミは毎年一人程度である。メーカーや旅行業界、流通、ホテルなどが就職先として多い。

この基礎ゼミのときから、新聞を読まない学生に向けて、ゼミ活動と関連付けた企業関連の新聞記事を配り、講義の初めの五分で読ませるようにしてきた。地元の中日新聞や企業情報に詳しい経済紙である日経新聞の記事を中心に、ときには経済雑誌からの企業情報など、幅広い情報を提供するようにしていた。というのも、三年生からは企業が社会課題に対してどのようにビジネスとして取り組むかが主要なテーマだったので、就職活動の面からだけでなく、常日頃から自然に企業に対する興味が向くようにしていた。

実際にキャリア指導を本格的に意識させるのは、三年生の夏休みの課題からである。その課題は、二十年の自分史を創らせることである。自分史を創る過程で、学生は多くの気づきを得るようだ。そのなかには、今まで誇れる活動をしてこなかったことを悔やみ、留年覚悟で留学やワーキングホリデーに出掛ける学生までいた。自分の過去を振り返ることで、学生は自分の長所、短所、強み、弱みに気がつくのである。また、友人の発表を見て、お互いに話し合う機会もできたようだ。ゼミ生の自分史を見ることで、ゼミ生の性格がどのような過程で形成されていったのか手に取るようにわかる。現在の自分は、必ず過去の延長線上にある。過去にいじめを受けていた学生は、現在は何事もなくてもどこかにそれが残っていたりする。

そうした二十年間の人生を把握したうえで、将来のキャリア選択についてのアドバイスを行うようにしている。コンサルティングがやりたいという学生には、どれだけ専門性がないとコンサルができないかなども教えた。電通時代のキャリア指導の経験があるからこそできるアドバイスで、企業出身の教員の強みである。

電通二十年の勤務期間に、名古屋圏、首都圏で多くの企業と仕事をさせていただいた。メーカー、流通、マスコミ、政府（日本、及び地方自治体）、NGO等々あらゆる業界の方々と仕事をしてきた。この経験は、アカデミア出身者にはない。また、仕事をするうえで、相手先窓口の宣伝・広報部の担当者だけでなく、営業やマーケティング、工場や海外事業部などほぼすべての関連部署とお付き合いさせていただいた。この経験から、業界、職種ごとの相性や適性についてもアドバイスができるようになった。加えて電通東京本社勤務時に、多くのゼミ後輩のエントリーシートのチェックやOB訪問を受けてきた経験も大いに役立った。これは、ゼミで指導を受けた吉野先生に頼まれてのことであったが、せめてもの恩返しと思い積極的に対応してきたことで、ノウハウを蓄積させることに繋がった。それだけでなく、会社の先輩から頼まれて、先輩の出身大学の体育会に所属する学生たちを二年にわたり就職指導したこともあった。優秀な学生たちばかりで、毎年内定を得ていた。

こうした経験から、ゼミ生のなかではキャリア指導には定評があった。しかし、こうしたキャリア指導も誰にでも的確にできるわけではない。一度だけ、キャリア教育委員会主催の合宿に参加したことがある。合宿中に指導した学生から、合宿後にも次々と面談のアポイントが来て大変になったことがあった。彼らの学部や学科には企業出身者がいなかったらしい。しかし、そうした学生には一辺倒の指導しかできない。やはり、チームプロジェクトや自分史を通して学生の過去と現在を把握し、日ごろの発表を通して将来の希望をくみ上げているからこそ適切な指導が可能なのである。合宿で初めて会ったレベルでは、とてもキャリア指導はできない。

十二月の冬休みには、三月からスタートする就活を見据えてのエントリーシート作成を課題とする。図5は、十二月のゼミ最終週に配布し、冬休み期間に作成したものを休み明けに提出してもらう。それを添削して、一月の最終ゼミで学生に戻すのだ。こうした取り組みを、国立大で教鞭をとる友人に話したところ、「私大はそこまでやるんだ」と大変驚かれた。しかし、国立大学と違い、そこまでやらないとエントリーシートの段階ではじかれてしまうので、国立大や私大の伝統校と競合する企業に入社することはなかなか難しい。また、二月の春休みにも一週間に少なくとも一度は大学で、キャリア指導を希望する学生と面談をすることにしている。

基本的に、就活は学生の意思に任せているため、希望する学生にのみ指導することにしている。これは、ゼミ生への付加価値的なサービスであり、教育活動ではない。あくまでも学生に求められた場合にのみ対応している。心配で何度も面接の訓練を希望する学生もいれば、自分自身で就活を進めていきたい学生もいる。しかし、全く世話をしないわけでもない。過去にあまりにも面接で緊張する学生がいた。面接の多い就活で、体調を崩しかねない精神状態の学生であったが、デザインなどが得意でそうした業界にはうってつけの才能をもっていた。面接で緊張して実力が出せないのは、本当に歯がゆいことであった。そこで、知り合いのデザイン関係企業の社長に相談したところ、三週間のインターンシップで預かってもらえることになった。過度に緊張する学生だったので、初日は付き添って行ったほどだった。しかし、翌日からは会社の雰囲気に慣れたようで、仕事もスムーズにこなすようになり、インターンシップ終了のころには、社長から入社希望であれば採用したいとの申し出をいただいた。学生と面談し、両親にも相談してもらったところ、本人も入社を希望していたので、めでたく採用となった。こうしたキャリア指導も、企業出身だからできるのではないだろうか。

図5　エントリーシート

組織名（企業、メディア、自治体など）

横山ゼミプレゼン演習エントリーシート

平成　　年　　月　　日

氏名	
大学・学部名	

1. 学生時代に学んだこと（兼自己ＰＲ）３００字程度（目安）
2. なぜ、当社に入社を希望するのか？（志望理由）３００字程度（目安）
3. 入社後に何をやりたいのか？（プロジェクト、将来ビジョンなど）（500 字以内）

〇キャリア意識熟成のためにすること

ゼミ生には、活躍している知人の講演会を案内したり、社会貢献で関係したまちづくりの委員会を聴講させたりと、キャリア形成に資する機会をできるだけ設けるようにしていた。これは、大学時代の経験が大きい。時の総理大臣から大臣級の政治家が月に一回は大学に講演に来ていた。政治家だけでなく、経済界を代表する企業の社長や、テレビ局、新聞社のジャーナリストが頻繁に大学に来ては講演会やセミナーが行われ、講義と講義の合間に聴講したりしていた。時にはこうした講師に対しても、厳しい質問を浴びせて講師を困らせるような丁々発止のやり取りが行われていた。こうした機会が、若い私大では残念ながら少ない。そうした著名人が愛知県内で講演する機会があるときには、できるだけゼミ生に案内して参加するように促している。

第八章　大学の課題と可能性

―企業人の視点から―

第七章まで、八年間の専任教員としての経験を基に「企業人から大学教員になりたいあなた」に対し、できるだけわかりやすく、かつ詳細に大学教員の仕事について伝えてきた。この章では、まず大学を取り囲む社会の変化について述べ、次に大学の問題点、課題についてマスコミで報道されている事案に触れたいと思う。そうした問題点や課題を企業人ならどう捉え、解決していくかについても一緒に考えてほしい。

そして最後に、この八年間で気づきを得た女子学生のパワーについて私見を述べたいと思う。さらに多様性を重視した人材活用こそ、企業活性化の起爆剤になり得ることを企業出身教員の視点から示したい。

○大学の経営環境は、さらに厳しくなる

私が入学した一九八七年から三十年余りで大学を取り囲む環境は、大きな変化に直面している。その第一に、少子化が急速に進んでいることがあげられる。文科省の統計によれば、一九八七年当時の十八歳人口は百九十万人弱だった。そのうち、男子の大学進学率は三十五パーセント、女子は十三パーセント程度で、男女合わせた進学率は二十五パーセント弱（進学者数は四十七万人）だった。つまり四人に一人が大学（四年制）に入学したという計算になる。一方、二〇一七年の十八歳人口は百二十万人弱である。三十年で七十万人近く、大学入学の可能性が

ある十八歳人口が減少している。このことから市場は縮小しているかのようにみえる。しかし二〇一七年の進学率は男子五十五・九パーセント、女子四十九・一パーセントであり、男女計で五十二・六パーセントとなっている。つまり三十年間で十八歳人口は大きく減少したものの、進学率が倍増した（二人に一人）ため、進学者数（六十三万人）も三十年前に比べ増えている。＊1

では、受け入れる方の大学の数はどうか。一九八九年には五百弱の大学（四年制）の数が、二〇一九年には八百校を超えている。一九九一年に行われた大学設置基準の緩和もあり、三十年の間に三百あまり大学が増えたことになる。＊2

つまり人口が減少するなかで、受け入れる大学の数が大幅に増えているのである。進学率が三十年で二倍になり、女子は四倍弱も進学率が増えていることがわかる。こうした大きな変化が、大学の経営環境に影響しているのである。

さらに文科省は、二〇三三年、二〇四〇年の大学進学者数と進学率について将来推計も公表しており、二〇三三年には進学率が五十六・七パーセント（男五十七・八パーセント、女五十五・五パーセント）、進学者数は五十七万人弱、二〇四〇年には進学率は五十七・四パーセント程度になるとの推計を発表している。進学率はほぼ横ばいであるが、進学者数は十八歳人口が減少するため、二〇一七年の六十二万九千七百三十三人より十二万人ほど減り、約五十万人と予想している。＊3

この推計は、近い将来に大学で定員割れがおき、大学がつぶれて統廃合が行われるようになる可能性があることを示唆している。敷衍すれば、大学の経営は日本人の十八歳人口だけに頼る市場では厳しいということだ。日本政府（福田内閣）は二〇〇八年に「留学生三十万人計画」を決定しており、留学生を積極的に日本の大学市場に参入させようと計画していたのだ。内なるグローバル化をめざしての目標であるが、少子化時代の大学には貴重な入学予備軍を海外から連れてくる国家プロジェクトともいえよう。

みなさんが働きたいと考えている大学は、今後大きな変化に対応しなければならない業界であることがおわかりいただけたのではないか。

十八歳人口の減少、大学進学率の変化、大学数の変化などの諸変化をおさらいして、本題の大学の問題、課題を個別にみていくことにする。

まず、大学教員の忙しさについて書かれた新聞記事から、その問題について考えてみる。

＊1　文科省「私立大学等の振興に関する検討会議　議論のまとめ」（二〇一七年五月）
http://www.mext.go.jp/component/a_menu/education/detail/__icsFiles/afieldfile/2018/02/16/1401001_4.pdf
（二〇一九年八月二日確認）
総務省統計局　「就学率と進学率」
https://www.stat.go.jp/data/chouki/zuhyou/25-12.xls（二〇一九年八月二日確認）
＊2　文科省　「大学の数」

http://www.mext.go.jp/component/b_menu/other/__icsFiles/afieldfile/2018/03/28/1403135_11.xls（二〇一九年八月二日確認）

＊3　文科省「大学への進学者数の将来推計について」

http://www.mext.go.jp/b_menu/shingi/.../1401754_03.pd（二〇一九年八月二日確認）

一　大学教員の忙しさ

東海地方で最も普及している中日新聞が「2018年マナビバ」という教育関連の紙面で「疲弊する大学教員」というタイトルの特集を二日にわたり組んだ。＊4

小学校や中学校の教員の多忙さは社会問題化されて、すでに部活の外注化や担任制の見直しなどの動きが始まっている。一方、大学教員についての働き方については、夏休みや春休みといった長期休みもたっぷりあり、自分が興味ある分野の研究だけに没頭していればいいというのが相変わらずの一般的な見方ではないだろうか。企業人と会話すると、大学教員は十分時間があって羨ましいという声を多数いただくことからも、大方の見方であるといっても差し支えないだろう。そうした社会の見方をこの地域で大きく揺さぶったのが、この特集である。「疲弊する大学教員　上　現状」（九月二日）で、二〇一二年一月に東北大学の准教授（理系）だった教員が教育と大学運営の過度な負担の末、うつ病を発症し、過労自殺に追い込まれた事件について報じた。記事によると授業、学生指導、報告書の作成、入試の監督、それに加え年四十日の出張、その上雑務にも追われ、自分の研究はできない状況であったようだ。パワハラにもあい、うつ病を発症し、その一週間後に自殺に追い込まれたと書かれている。同僚の証言により過労が認められ、一二年秋には労災認定になった事件である。この教員のように教育、研究、運営のすべてに真面目に取り組めば、自分の研究は夜からしかできないというのが、現在の大学教員である。私の場合、研究は長期で時間が取れる夏と春休みに行うことに決めているように、自分でペースを作ることができる教員は恵まれた環境にいるのだと思う。

続く二回目の特集（九月十六日）では、大学教員が業務多忙で過労状態になっている原因と対策について、私大の教員（教授、准教授）のインタビュー記事がある。過労の原因としては授業にオープンキャンパス、入試業務、学生対応などに追われて自分の研究や論文を書く時間がないと証言している。この証言は、ほぼ私大に勤務する教員の共通認識であろう。つまり、教員が大学経営に直結する学生確保のための業務に追われているというのが実態なのだ。その原因に対して、教員が研究時間を増やすための有効策についての調査に回答しており、その調査を行った科学技術・学術政策研究所はその結果を公表している。その有効策として教員は、大学運営業務や学内事務手続きの効率化、教育専任教員や事務職員の確保を挙げている。この対策についても全く同感である。

在籍中の電通でも、画一化された業務は外注か派遣社員の雇用を通して業務の効率化に取り組んでいた。多くの大手企業は、そのような対応をしてきたであろう。その点、大学教員は多忙を極めているとの社会的認知はなく、むしろ時間がたっぷりあり、自分の好きな研究に没頭できるお気楽な人種だと思われている。そのため、そうした必要性が叫ばれるまで世論が熟成されていない。多くの大学はアンケートで回答されたような対策を取るには至っていない。

一方、広報活動の先進的な取り組みで知られ、近年入学志願者数を増やしている近畿大学は教員の運営業務を減らす取り組みを始めているそうだ。記事によれば、入試の監督業務から教員を外し、数年前から外注化を実施しているのだ。なんとも羨ましい取り組みである。少子化による大学経営の厳しさが増しつつ、多くの課題を大学が抱えているため、教員の仕事が多様化して増えていると大学マネジメント研究会の本間政雄会長は実態をコメントしている。また同氏は、「限られた経営資源を効率的、効果的に配分するなど、大学経営の責任を持つ理事長や学長のマネジメント能力が問われている。事務職員の能力を高めるとともに、企業や行政から多様な専門人材を登用し、教員が教育・研究に専念できるようにしないと、大学の教育力も研究力も低下してしまう」と続けている。この指摘は、今の大学の現状を端的に現わしていると思う。教員が本業である教育と研究に専念できない状況で、大学運営や雑務に追われているのが、現実なのである。

この状態を放置しておくと、教員がますます疲弊してしまうか、研究に専念できない状態になる。何度も紹介しているが、名古屋外大の亀山学長は教員の研究が少ないという現状に危機感を覚え、公式の場で研究発表や論文を発表するように促している。しかし若手教員は、大学運営や学生募集に関係する業務に忙殺されている以上、学長の声掛けは虚しく響くだけである。

では、解決策はないのか。「大学によっては、ある」と私は考えている。毎年大学を経営する学校法人が事業報告書を出しており、すべてインターネット上で入手可能である。ちなみに中西学園の「2018年度版事業報告書」を読んでみると、驚くほど経営状態がいいし、内部留保も多いことがわかる。入試で人気がある大学を調べてみると、多くの大学も同様である。つまり、解決策は、毎年、余剰金を内部留保に回すのではなく、疲弊する大学教員をサポートするために、アンケートに出てきた教育専任教員を雇用するか、サポートする事務職員を増やすなどの対策を早急に行うことである。こうした対策を打てないのは、大学の法人に教員の経験者がいないため、このような現状を理解できないからだと考えている。これは名古屋外大だけではなく、多くの大学でも早急に実施すべき対策であろう。企業人なら同様に考えるはずだが、いかがだろうか。

次に取り上げるのは、企業でも同様に問題になっている非正規雇用の社員に相当する非常勤講師の問題である。

＊4　芦原千晶「疲弊する大学教員上　現状」中日新聞二〇一八年九月二日朝刊　教育面
同　「疲弊する大学教員下　原因と対策」中日新聞二〇一八年九月十六日朝刊　教育面

二　非常勤講師の待遇

専任教員の道のほかに、教育（つまり授業）だけを担当する非常勤講師がある。私は専任になる前の七年間、電通に勤務しながら非常勤講師を務めていた。実務を続けつつ、非常勤講師を務めるのは、先述の通り自らの業務を体系化し、見直す機会にもなるため、ぜひお勧めしたい。子どもが独り立ちし、子どもに関する支出がなくなった五十代半ばで会社を退職した方なら、非常勤講師はお勧めだ。会社勤めを辞めて、若いときに非常勤講師だけで生計を立てることを考えるのは、お勧めしない。というのも、非常に不安定な生活を余儀なくされるからだ。大学の非常勤講師は、企業における年数の契約期間がない派遣社員のようなものだ。ただ、博士号を持ちつつ、あえて教育だけに専念し、自分の研究に時間を使いたい研究者タイプの非常勤講師を選ぶ教員もいる。実際、私の知人で雑務に追われる専任教員を避ける選択をした非常勤講師もいる。

ここでは、そんな非常勤講師の実態を報じた中日新聞の特集「研究者を目指したけれど……大学非常勤講師らの嘆き　下」（二〇一九年七月十五日）＊5の記事を紹介する。三十九歳で四校の非常勤講師を務める男性のケースを紹介している。前期が週六コマ、後期が週五コマ、年間で十一コマを担当している。一コマ（九十分）の報酬は一万程度なので、年間二百万程度の収入しかない。非常勤講師には、研究費もなく本の購入、学会参加費も自腹である。コンビニ弁当すら高くて、一日一食で凌いだ日もあるそうだ。博士課程まで進学しても、このような待遇の教員が多いのが実態である。ちなみに大学院卒が増えたのには、九〇年代に日本政府が大学院重点化政策を打ち出した背景がある。記事では、文科省調べとして八九年に博士課程の修了者が五千五百七十六人で、二〇一八年には一万五千六百五十八人となり、約三倍近くになったと伝えている。この結果、大学の専任教員の職を奪い合う事態が起きており、大量の非常勤講師が誕生したのである。そこに大量の企業出身者も参入してきたので、博士課程を修了しても、専任教員の道はなかなか厳しくなってきたのである。こうした事情もあり、非常勤講師には専任教員希望者が多く、どんなに雑務が多くても、それを甘受せざるを得ない状況になっているのである。企業でも派遣社員が人件費の調整に活用されるのと同様に、見方によっては非常勤講師も使い捨てにされやすい立場なのである。このような状況であるため、企業人でどうしても大学で教えたい方は、企業に勤めながら、あるいは自分で企業を経営しながら、大学での非常勤講師を務めるのがよいだろう。安定した生活基盤のうえにこそ、非常勤講師は成り立つものであることを忘れないでほしい。

ここからは、社会問題にもなった最近の大学の問題について考えてみたい。企業にも同様な事件が毎年のように起きている。どちらもその根底には、ガバナンスとコンプライアンスの問題が存在する。営利法人である企業であれ非営利である大学であれ、どちらでも起き得る永遠の課題なのである。

＊5　細川暁子「研究者目指したけれど……大学非常勤講師らの嘆き」中日新聞二〇一九年七月十五日　朝刊　暮らし面

三　東京医科大学の不正入試と東京福祉大学の留学生問題

二〇一八年の東京医科大学の事件は、記憶に新しい。これほど大学に対する社会の不信感を高めた事件はない。大学行政を監督する文科省の高官が大学への補助金（＝税金）と引き換えに自分の息子を裏口で入学させる不正入試が明らかになった。この事件は、高官の汚職事件に留まらず、その後、「女性差別」「年齢差別」ともいえる不適切な入試を行っていたことも判明した。このような不正入試は前代未聞の事件であり、個人的には当初、学校法人の認可取り消しに至るのではないかと思っていたが、その後の文科省による医学部設置大学の調査の結果、日本を代表する複数の大学で同じような不適切な入学選抜試験が行われていたことが判明したのである。その詳しい経過については、文科省高等教育局が二〇一八年十二月十四日に公表した「医学部医学科の入学者選抜における公正確保等に係る緊急調査　最終まとめ」を参考にしてもらいたい。＊6

私の学生時代、ある私立大学医学部では多額の寄付をすれば、入学できるという噂があった。つい数年前にＴＢＳ系で放送された日曜ドラマでも予備校経営者が多額の寄付金と引き換えに裏口入学を斡旋する場面を放送していた。ただ、この類の話は三十年前のものであり、大学の一教員として入試にかかわった経験からすると、絶対にありえない作り話だと思っていた。入試に関しては、作問する教員の名前も伏せられており、入試委員会などで話し合いがなされているため、ごく少数の関係者しかかかわることができない極秘プロジェクトだからである。入試委員以外の教員は、教授会で発表される入試の学部学科別の学生確保計画、入学試験担当者名簿、入試結果の学部学科別の合格者数や合格者の点数などしか知らされない。こうしたことから、一般入試選抜で不正は不可能だと感じていた。

しかし、逆に限られた教員や職員しかかかわらないため、数人が共謀すれば不正は可能であるともいえる。ただし、大多数の教員は、公正公平な入試が行われるべきという当たり前のルールや倫理感（＝コンプライアンス）を持ち合わせているため、現場だけの教職員で不正入試を行うことは絶対不可能である。今回の東京医科大学の事案のように、トップである理事長や学部の責任者で構成する理事会などが関与しない限り、このような不正を行うことは難しい。入試実務を担当する教職員は、常識的に公平公正に入試を行うという価値観が共有されているはずなので、経営に関する意思決定ができる者しか、この原則を曲げることはできないということだ。ゆえに、この問題は経営層のコンプライアンス問題であると同時にガバナンス（組織統治）問題でもあるということだ。経営陣が自ら主導で不正入試を進め、限られた部下たちに対して指示をし、共謀しない限り、できないのが不正入試なのである。文科省高官が受託収賄で逮捕されなかったら、女性差別ともいえる不正な入試が続いていたわけである。このような不正を黙認してきた大学の理事会の責任は重いと言わざるを得ない。多くの女子受験生の人生を変えてしまったのである。経営陣にコンプライアンスが徹底されていなかっただけでなく、このような不正を主導・黙認してきた理事会のガバナンスが正常に機能してこなかったことが問題なのだ。企業で行われてきたガバナンス改革と同様に、医師を中心に構成されてきた理事会にも多様な視点を有する外部目線が必要だったかもしれない。

この不正入試の実態は、大学の監督官庁である文科省の高官の受託収賄事件で明るみになったが、大学側の問題だけでなく、文科省の監督責任もあると思う。「護送船団方式」という言葉は、主に金融業界を行政官庁が指導・監督する行政手法の呼称で使われることが多いが、昨今は大学についても文科省による「護送船団方式」に近いものがあると感じている。広告業界の監督官庁は、経済産業省である。電通社員時代、とくに監督官庁の指導を意識したことはなかったが、大学に転職してからは事あるごとに文科省の指導を感じることが多い。些細なことではあるが、大学のホームページ上の自分の学位が、政治学士とあったが、学士（政治学）と表記するように法人の職員から〝指導〟が入った。文科省から指摘されたそうだが、それが本当に文科省のお役人から指摘されたのか、法人の職員がそのように言ったのかは不明である。しかしこの些細な訂正は、法人職員がそれほどまでに文科省を意識しているという表れである。また、シラバス（授業計画）についての表記にも細かい指導があり、文科省の役人はかなり細かいチェックをしていると常日頃感じている。このような文科省の役人の日頃の努力にもかかわらず、自分たちの力で医学部の不正入試を発見することはできなかったのである。

二〇一八年度は、医学部不正入試の問題が多く報じられていた。二〇一九年に入ると、東京福祉大学の留学生が大量に所在不明になっている問題が、国会やマスコミに取り上げられたことで大きく社会問題化した。東京福祉大学において三年間で千四百名の留学生の所在が不明になっていたにもかかわらず、三月十八日の野党議員による国会質問に対して柴山文科大臣は、「所在不明者は0名」と大学から文科省に報告があったと答弁している。これを契機としてマスコミがこの問題を報道で取り上げるようになり、大きな社会問題となった。そこで文科省と出入国在留管理庁は東京福祉大学への実地調査に乗り出し、その結果を六月十一日に「東京福祉大学への調査結果及び措置方針」＊7として発表した。それによると「多数の留学生の安易かつ不適切な受け入れや不十分な在籍管理が、大量の所在不明者、不法残留者等の発生を招いており、大学の責任は重大」としている。留学生の安易な受け入れは、四月十日に同大学元教授が留学生の受け入れについて元理事長による「四年間上手にやりゃ、百二十億入る」と発言した録音を公開したことで、元理事長や大学幹部が出席した会議（二〇一一年）でこのような議論をしていたことは疑いようもなく、留学生を積極的に増やしていきたいという法人の考えがあったことは明白である。なお、朝日新聞の報道（二〇一九年四月十日）＊8によると、元理事長の発言は今回の問題とは直接関係ないと大学側はコメントを出したとしている。

しかし、このような元理事長の発言は、直接の因果関係があるないにかかわらず、コンプライアンスへの意識が著しく欠如していると言わざるを得ない。こうした元理事長発言の背景には、多くの報道でも指摘されているように、先に紹介した「留学生三十万人計画」目標の達成とそのための政府の支援があると考えられる。

留学生を受け入れることは、国内大学のキャンパスに外国人が増えることになり、多様な視点も学べるなど日本の大学、日本人学生にメリットも大きいため、この計画自体については賛成である。問題は第一に、留学生受け入れについての大学側のずさんな運用である。十八歳人口が減少する大学においては、留学生を研究生として受け入れることで、貴重な財源にすることができる。東京福祉大学は、収入増のみの視点で取り組んでおり、留学生に対する不十分な在籍管理と不適切な入学者選考などについて、文科省と出入国在留管理庁の調査は指摘している。こうした問題点の背景と要因として同調査結果は、「留学生の受け入れ規模に見合わない脆弱な組織体制」「留学生の増大に対して適切さに欠ける修学環境の整備」「留学生受け入れの拡大に関わる大学の不透明な意思決定プロセス」の三点を挙げている。結局、東京医大の不正入試の問題と同様に、コンプライアンスとガバナンスの問題が東京福祉大学留学生問題の根底にもあるのだといえよう。なお、皮肉にも東京福祉大学を運営する学校法人茶屋四郎次郎記念学園は二〇一三年にコンプライアンス宣言をしている。そこで「法令等と社会規範に基づいた運営」を心がけると高らかに宣言しているのを見ると、今回の留学生騒動がどうして発生したのか、このコンプライアンス宣言が全く学内に浸透していなかったとしかいえない。なんともいえない虚しさを感じてしまう。

次の問題点は、文科省の監督責任である。「留学生三十万人計画」目標の実現を優先するあまり、適切な指導と監督を行ってこなかったのではないか。文科省は、今回の留学生問題を受けて、全国の大学・専門学校における留学生に関して在籍管理を徹底指導する方針を決定したが、東京福祉大学の事案を未然に防ぐ管理監督体制を構築すべきだったのではないか。

大学も企業と同様にガバナンスとコンプライアンスに欠陥がある場合があるため、このような不正や不適切な大学運営が起こり得る組織ということを十分認識し、その辺を十分にリサーチして大学選びをしていただきたい。

次は、私が専門とする広報領域にも通じる問題を取り上げる。

＊6　文科省高等教育局（二〇一八年十二月十四日）「医学部医学科の入学者選抜における公正確保等に係る緊急調査最終まとめ」
http://www.mext.go.jp/component/a_menu/education/detail/__icsFiles/afieldfile/2018/12/14/1409128_005_1.pdf
（二〇一九年八月二日確認）

＊7　文科省、出入国在留管理庁（二〇一九年六月十一日）「東京福祉大学への調査結果及び措置方針」
http://www.mext.go.jp/component/a_menu/education/detail/__icsFiles/afieldfile/2018/12/14/1409128_005_1.pdf
（二〇一九年八月二日確認）

＊8　増谷文生『上手にやりゃ１２０億円』音声公開　留学生めぐる発言」朝日新聞デジタル（二〇一九年四月十日）
https://www.asahi.com/articles/ASM4B4DK8M4BUTIL01K.html（二〇一九年八月二日確認）

四　日大のアメフット部の問題

「広報会議」二〇一九年一月号は、巻頭で企業・大学・スポーツ界における二〇一八年に起きた問題を総括する特集を組んだ。全国二十～六十代男女千人に聞いた「最もイメージダウンした不祥事」ランキングを発表した（表7）。大学関係では、一位に日大アメフット部の悪質タックル問題、四位に東京医科大学の不正入試の二件が十位以内にランキングしている。ちなみに企業は二位の「はれのひ」、五位のスルガ銀行、七位の自動車メーカーの三件が十位以内にランキングした。大学は全国に八百校余りしかない。企業の数（上場会社数だけでも三千六百七十二社二〇一九年八月五日現在）と比べると圧倒的に少数であることを考えれば、やはり不祥事が多発する業界だといえる。

今回の日大のアメフット部は、大学業界として分類されているが、三件がランクインしているスポーツ界の特徴に通じる事案ともいえる。つまり監督が絶対的な権力を持って選手（学生）を指導するため、パワハラ（時にはセクハラ）も起きやすい体質を有する。日大のアメフット部について書かれている新聞や雑誌記事は多いが、どの記事でも「大学が学生を一人で記者会見に出させた」ことを批判し、危機管理上の失敗だったとしている。ここでは日大アメフット部の危機管理の拙さについて詳細を説明するのではなく、大学にも危機管理が必要であるという点を伝えたい。今回の一連の騒動は、大学サイドに危機管理のプロ（広報の専門家）がいれば、これほど大きく社会問題化することはなかったのである。この事件は、二〇一九年に起きた吉本興業所属のお笑いタレント二人に記者会見をさせてしまったことと相似している。つまり、両事例とも本来は、問題を起こしたとされる学生とタレントの立場に立って広報戦略を練るべ

表7　2018年度「最もイメージダウンした不祥事」ランキング

1位	日大アメフット部悪質タックル問題（5月）
2位	「はれのひ」成人式の日に突然の営業中止（1月）
3位	レスリング・伊調選手　栄和人氏をパワハラ告発（3月）
4位	文科省・東京医科大学の裏口入学と入試不正相次ぎ発覚（7月）
5位	スルガ銀行がシェアハウス不正融資発覚（1月）
6位	日本ボクシング連盟、内部告発と助成金の流用問題（7月）
7位	SUBARU・日産・スズキなどの自動車メーカーの品質不正（通年）
8位	体操界におけるパワハラ告発問題（8月）
9位	中央省庁や自治体の障害者雇用水増し問題（8月）
10位	財務省・福田事務次官セクハラで辞任（4月）

2019年1月「広報会議」より筆者作成

きところ、大学と企業の幹部（マネジメント）側に寄り添ってしまったことに危機管理戦略上の決定的なミスがある。ちなみに二〇一八年度の日大における学生募集は対前年比八十七・五パーセントで、大幅に減少を余儀なくされた（「学校法人日本大学　2018年度事業報告書」）。一連の大学の稚拙な危機管理対応が、志願者数を減少させた要因であることは間違いない。吉本興業も同様で「タレントが記者会見するなら、クビにする」などの社長によるパワハラの言動がタレントによる記者会見の場で明かされるなど、吉本興業社長が大きな痛手を被ることになり、この問題に直接関係ない吉本興業所属タレントとの契約のやり方までマスコミで指摘されるなど社会の注目を集める大きな出来事になってしまった。

広報担当が日頃より危機を想定してリスクマネジメントに取り組んでいたなら、危機を最小限に抑えることができたと考えられる。広報部は、組織の上層部の顔色を見て仕事をするべきではなく、あくまで「社会のセンサー役」として社会の常識を上層部にインプットする役割を果たさなければならない。

この危機管理は日本大学だけの問題ではない。マスコミでしばしば登場するのが、大学教員による学生へのセクハラやパワハラなどのハラスメント行為である。大学によってその問題へのスタンスの違いはあれ、この種の事案は、起きることを想定して日頃からリスクマネジメントとして対策を立てておかなければならないイシューである。このような問題が起きたときに依然隠す傾向があるが、プライバシーに十分配慮し、そのような行為があった場合は、隠ぺいするのではなく公表することで抑止力にしていくべきだろう。勤務していた電通には、公益通報保護法が施行される前後よりセクハラ、パワハラなどについて外部の弁護士に通報する制度ができた。この制度ができてから、社内で起きた事案についてプライバシーに配慮しつつ公表されるようになったので、ある意味抑止力になったのではないかと個人的には思っている。

ここまでは、大学の問題点についてマスコミ上で話題になった問題を中心として話を進めてきた。ここからは、企業人だからこそ取り組むことができる課題についてポジティブに考えていきたい。

五　新卒採用の学生が三年で三割離職

このデータは企業人なら知っているはずだ。せっかく時間もお金もかけて採用した学生が三年以内に離職してしまうのだ。新卒社員は、企業の戦力になるまでに時間がかかる。三年で辞めてしまえば、採用、教育に投資した資金が無駄になってしまう。なぜ、新卒採用の学生が三年で辞めてしまうのか。その理由はさまざまあるようだ。仕事がきつい、ストレスが大きい、人間関係に悩むなど各人各様である。社会に送り出す側として、八年間学生を指導してきたので、まずは学生サイドの原因について考えてみたい。

こうした背景には、時代的な要因が大きいと思う。三十年前に入社した電通では、ほぼ百パーセントに近い数字で定年まで勤めることが当たり前とされていた。企業側も終身雇用を前提としていた時代だった。九〇年代後半の金融危機で日本を代表する証券会社や銀行が倒産し、大企業も倒産する時代となり、人材の流動化が起きた。時を同じくして起きていたIT革命で、人材の流動化に拍車がかかり、九〇年代から二〇〇〇年代に入ると、電通でも多くの同僚社員がIT企業に挑んでいった。こうした時代背景のなかで生まれ育った学生たちには、一生同じ会社で働き続けるという感覚自体ないように思う。ゼミ生のキャリア指導やキャリアデザイン関連科目を担当し、多くの学生たちのキャリア意識に触れてきた。ほぼ九割は女子学生だったので、男子学生のキャリア意識については証言する自信がないが、指導した女子学生で一生同じ会社で働き続けるというキャリアビジョンを有する学生は少ない。このことを裏付ける調査結果がある。人材コンサルティング企業のトーマツイノベーション（現ラーニング・エージェンシー）が二〇一八年四月二十六日、「2018年度新入社員のキャリアに対する意識調査（＊）」の結果を発表した。

サンプルは中小企業で働く新入社員が多い調査ではあるが、大変興味深いデータである。「今の会社で働き続けたい」新入社員は、二〇一五年から三年連続で減少している。二〇一五年が六十三・四パーセントで二〇一八年が五十三・八パーセントなので、十パーセント近く同じ会社で働き続けたい新入社員が減少している。入社後すぐに、このように考えているのが、今の実態なのである。ただ、それでも三年で辞めてしまう実態だけは、何とか食い止めたいと考えてきた。なぜなら、企業に損害があるだけでなく、学生も三年で辞めてしまえば、キャリア（自分の専門性）ができないからである。

学生たちには、「キャリア（自分の専門性）は最低五年、独り立ちできるのには十年はかかるため、最低でも就職したら五年は我慢して自分のキャリア創りに努めるように」と常々言ってきた。女子学生が九割なのも一つの原因かもしれないが、女子学生は入社した企業で管理職になる（つまり出世する）というキャリアビジョン（希望なり夢）を持っているようには思えなかった。それに先の調査のように、入社した会社で一生働き続けることを考えている学生も少ないように思う。そうしたことからも、私は学生にできるだけ専門性を身につけるように指導してきた。その一つとして女性が活躍している広報・マーケティング分野における専門性がある。自身が二十年広告会社で働いた経験から、商品開発、宣伝、マスコミ対応、企画などの分野は、今後も女性が活躍し続ける分野だと確信しているからである。私が専門性を有するキャリアを持つように指導してきたことが、今日の新入社員の希望であると、先に紹介したトーマツイノベーションによる調査も明示している。アンケートでは、今後のキャリアについて「管理職」志向か「専門家」志向か聞いたところ、五年連続で「専門家」志向が「管理職」志向より十パーセントほど上回ってきている。つまり一度入社した企業で役職を希望するよりも専門性を身につけておきたいという志向が強いのである。トヨタ自動車でさえ、今後、終身雇用の制度が崩壊するかもしれないと豊田社長が言っているので、今後社会人になる若者は、一社でキャリアを終えることよりも、専門性を身につける機会があれ

＊調査概要
調査対象者：提供する新入社員研修受講者
調査時期　：2018年4月3日～16日
調査方法　：自記式アンケート
サンプル4,863人
属性（1）　性別　男性：57.1%　女性41.8%　不明1.1%
　　（2）　所属企業の従業員数規模
　　　　　① 50名以下：10.9%　② 51名～100名：20%
　　　　　③ 101～300名：30.6%　④不明：7.1%

ば、やりがいのある仕事に転職し、キャリア・アップを考える傾向が高まることが予想される。

次に学生サイドのもう一つの原因について私見を紹介したい。現在、どこの大学でもキャリアデザイン関連科目が増えているのは、事実であるが、本当のビジネスとはどういうものかを教えることができる教員は少ないと感じている。つまり、これまで学生は働く現場のリアルな感覚を教わることなく、卒業しているのだ。企業経験者は、重要なビジネスマナーからビジネス上の常識など、大学教育の教科書では決して出てこない、いわば〝娑婆《しゃば》〟の世界について自身の経験を交え、学生に教えることができるはずだ。私の場合は、四年生後期のゼミで、卒業プロジェクトに取り組みながら、教科書を用いて働くこととはどういうことか、ビジネスで重要なマナーや日々の活動などについて、半年かけて社会に出る心構えを教えてきた。学生最後の半年間は、学問よりも社会に出る準備に時間をかけている。卒業生に会うと、この時のエピソードをよく覚えていて、社会に出てから本当に授業で教わったような体験をしたという言葉をしばしばもらう。できるだけ入社後に実際の社会で必要な知識とマナーなどを学んでおくことで、少しでも「三年で三割が離職する」現実を改善できればと考え、このようなゼミ運営を続けてきた。それでも、一年か二年で辞めてしまう卒業生もいるため、なかなか難しい面もあるが、企業出身教員のせめてもの挑戦であった。

それでは、「三年で新卒採用者の三割が離職してしまう」と大きな損害を被る企業側が改善すべき問題がないのかどうか考えてみたい。

第一に採用にかける時間の短さである。十分や十五分の面接で学生を見分けられるとは思わない。どうしても短時間の面接では要領よく話すことができたりする学生が有利になる。本当にどういう学生か見極めるためには、インターンシップで一週間か二週間、会社で働いてもらいながら、複数の社員に学生を見て評価してもらうことが望ましい。

二〇一九年度より自身をビデオ撮影してエントリーシートと一緒に提出させる企業が増えているが、これも本当の学生の姿や能力を見極めるには十分ではない。将来的に新卒一括採用方式が変更になれば、インターンシップを三週間程度継続して実施して、学生を採用していくことができるようになるかもしれない。これは企業側と学生双方にそれなりの負担になるが、わずかな時間の面接やグループディスカッションよりも、より深く学生について観察し、評価することができるのは間違いない手法だ。また、学生にもメリットが大きい。それは、ホームページで会社案内を見て、数人のOBやOGの話を聞くより実際に一週間から二週間働けば、本当の会社に触れることができるからだ。そこで働く人たちの姿、打ち合わせ、ランチタイムの過ごし方など本当の働き方や働く人のリアルな姿など垣間見ることができる。このような形で企業と学生が双方に見極められるような機会を増やすことで「三年で三割の離職」を減らすことに繋がるかもしれない。

次に、企業側は常に自社をよく見せたいと考え、つい格好いい姿を学生たちに見せてしまいがちであるが、そうした自社の見せ方を変えるべきであろう。等身大の姿を見せて、学生が正しく企業について理解できるようにすべきである。入社してから、入社前とイメージが違うという声も多く聞かれることだ。むしろ、入社する前に社員の平均残業時間や年代別・男女別の給与、昇給額、キャリアパス、有給取得日数などすべて包み隠さず、見せた方がよい。いいところだけ見せても結局ミスマッチになることが多いため、ぜひ、等身大の自社の姿を見せてほしいものである。

以上二点が、「三年で三割が離職する」現状を変えるために、企業に望む改善ポイントである。「企業人から大学教員になりたいあなたへ」、ぜひ、今働いている企業で「三年で三割離職する」現実を、大学教育のなかでどのように変えていくことができるかを考えてほしい。そしてその考えを持って、大学に来てほしい。

さて、この章の最後は私が八年間の大学教員で最も収穫があった点について私見を述べたいと思う。それは、女子学生のパワーについてである。中高と男子校で過ごし、電通という男社会で生きてきたことで、あまり付き合いがなかったので、女性の持つ潜在力や感性について気がつかなかった。このパワーを上手く活かすことができれば日本企業は活性化するのではないか。また、その女性と共に在留外国人子弟や留学生などの多様性を活かす組織が今後の日本企業に求められると確信している。

六　日本企業の活性化の切り札は、女性と多様性にあり

名古屋外大で教えた八年の間に多くの気づきを得た。それらは電通にそのまま勤務していたなら、気がつくことはなかったであろう。そしてそれはまた、閉塞感が覆う日本社会と経済に活力を与える可能性を秘めている。女子学生のパワーと日本に暮らす在留外国人の子弟の存在である。

私たちが学生時代を過ごした八〇年代に放送されたテレビ番組「オールナイトフジ」は、その後の女子大生ブームの火付け役ともなった。深夜の放送にもかかわらず、社会的にも話題になり、女子大生のエネルギーを感じる番組であった。しかし当時の大学の政治学科は、女子学生の数は極端に少なったため、学生時代に女子学生の持つパワーやクリエーティビティーに触れる機会は少なかった。ちなみに私が所属したゼミに、女子は一名（男子十三名）しかいなかった。続く電通でも同期の十五パーセント程度（百九十七人のうち三十人）しか女性はいなかったので、私はずっと男性がマジョリティーの集団のなかで育ってきたといえる。もちろん、サークルや合コンで女子学生と知り合う機会は多くあったが、そのような場面では自分の好みの女子学生

はどの子かという視点で見ていたため、冷静に女子学生を観察して、その特長などを知ることもなかった。

一方、名古屋外大の国際教養学科は女子学生の比率が九割程度もあるので、これまで過ごした環境とは正反対であった。男社会から女性がマジョリティーを占める社会への転職は、赴任当初、毎日が刺激的だった。面白い発見があった。研究室に相談に来る女子学生は、お菓子を持参して、親愛の情の証なのか私にもビスケットやチョコレートをくれたりする。そうした経験により、女子学生が九割を占めるゼミなどでは旅行先で購入したお土産のお菓子を皆に配ったりもした。お菓子が女性たちのコミュニケーションツールだとわかったからである。考えてみれば、自分の母親も同様だったような覚えがある。また、よく行くゴルフ場でも女性メンバーは、飴やチョコを持参し、休憩するときにはほかのメンバーに配っている。ちなみに、お菓子を媒介としたコミュニケーションは男性にはない。

次の発見は、困った女子学生の癖について。女子学生は、人前でも涙を見せることがよくある。私たちの世代は、「男子が人前で涙を流してもいいのは、肉親の死に面したときぐらいだ」と小学校の担任に言われたことから、どんなときでも人前で涙を流さないよう育った。なので、あまりにも人前で泣き過ぎる女子には、正直面食らった。そんな涙まで見せるレベルの話なのだろうか。そこまで辛いことなのだろうか。涙を流す場合の〝定義〟が、私たちの時代や男社会とこれほどまでに違うものなのかと驚いた。こんな女子学生にまつわる新しい発見の話を挙げたらキリがない。話は少し脱線してしまったが、女子学生と男子学生は大きく特性が違うことがわかった。ここから本題に入るとしよう。

なぜ女子学生のパワーが、これからの日本企業の再生に必要なのか。この考えは安倍政権が掲げる女性活躍社会にも通じるものがあるのではないか。女子学生が本来持つパワーを上手に活用できれば、日本の地域活性化も可能だとこれまでのゼミの経験から思う。また、彼女たちが社会に出てからも、本来的に持つ鋭い感性やクリエーティビティーを発揮できれば、企業などの組織を活性化させることが可能であると考える。

では、どのようにすれば女子、女性をやる気にさせることができるかについて、私の経験を伝えたい。八年間、女子学生が思う存分力を発揮できるようにモチベーション・マネジメントをしてきた。女子学生をやる気にさせれば、大きな成果を得ることが可能だとわかったからである。そしてそれには、女子学生が持つ潜在的な力を発見し、それを本人に伝えて褒めて伸ばしてあげることで可能となる。

私が入社したころの電通は、体育会系の指示系統の下で若手社員を力で抑え込むマネジメントを行っていた。同時にやりたい仕事はやらせないことが、当たり前の時代であった。それはそれで苦手な分野の克服に繋がったので、自分自身には結果として良かった面もあるが、終身雇用を前提としていない今の時代には、そのやり方では「三年で三割が辞める」流れを止めることはできないだろう。入社後は、まずは女性が得意として、自身がやりたい仕事のできる部署に配属させ、やる気スイッチを押す人事が大切である。この原稿を執筆中に女性をいかに会社で育成するかについて書かれた興味深い本に出会った。立教大学の中原淳教授がトーマツイノベーションと共著で出版した『女性の視点で見直す人材育成』(ダイヤモンド社、二〇一八)である。同書は、働く男女のキャリア調査(二〇一六年九月～十二月、回答者数五千四百二名)の結果を分析しているが、働くうえで最も重視しているものとして「女性は、やりがい重視」としている。ちなみに「男性は見返り重視」で、給与やポストを重視しているということだ。女性はやりがいを感じる仕事を任せることで、やる気スイッチを押すことができるのである。その後は、力で抑え込むのではなく、できるだけ良いところを探してあげて、それを褒めて自信を持たせてあげることが彼女たちのモチベーションを維持・向上させることに繋がるのである。

また、こうした女性の特性が組織の不正を防ぐ可能性がある点について話したい。これまでの経験で、女子学生は、男子学生と比較すると、教員に包み隠さずに意思を表示する傾向が強い。男子学生は、よく上司の顔を窺う「ヒラメ社員」のように教員の顔色を窺う場合が多いが、女子学生は、そうした傾向が薄い。女子学生は、はっきりとした物言いをすることが多いように思う。こうした特性を、女子が社会に出て女性として働く際にも持ち続ければ、企業でも力を発揮すると思う。不正を謝罪する記者会見で全員男性が頭を下げる場面は、よく見る光景である。男性社員は、上司が不正な取引や品質管理をしていても見返りを期待して、それを黙認することが多い。逆に、女性は曲がったこと、不正については拒否する傾向が強いと感じる。大企業で問題になっている不正な取引や品質のごまかしなどは、女性社員が多ければ、そうした不正行為に異を唱えることで防ぐことができるのではないかと考えている。

しかし、女性の特性にはそれならではの弱点もある。それは日頃からいつも女子学生に指摘していることである。

たとえば、プロジェクトを企画して推進する際にも、自分の仲良しとやりたがる傾向が強いことである。常々学生には、一緒にプロジェクトをやるときには気が合う友だちだから一緒にやりたいということではなく、自分が持っていない発想や能力を持っている学生とチームを組むように指導している。それでも結局、女子学生は仲良しグループでやりたがる傾向が強い。

また、なんらかの理由で一度その人を嫌いになってしまうと、もうその人とうまく付き合うことができない短所がある。この点は、女子学生が改善をしなければならない特性だ。企業でも、このような場面には遭遇したことがある。「あの社員とはもう仕事をしたくない」と言うので、その理由を聞いてみると「不潔である」とか、仕事には関係のない要素で判断することも多かった。こんなことでは、社会では仕事ができないため、学生には事あるごとに、人を好き嫌いで判断すべきではなく、あくまでもその人の持つスキルや能力でプロジェクトにふさわしい人かどうかを見極めるようにと伝えてきた。

女子学生の特徴を長所と短所で見てきたが、男子学生についても触れておくべきだろう。名古屋外大の男子学生は、四年間圧倒的にマイノリティーとして過ごすことになる。マイノリティーとして過ごすことで得られるのは、女子学生とうまく付き合う術を身につけることだ。ゼミでも男子学生が一人でもいると、女子学生の暴走や仲たがいも上手く調整して、ゼミ運営を軌道修正してくれることがある。結局、組織運営には、性別の多様性が必要であることを示しているといえよう。

多様性への対応にも関係してくる在留外国人の子弟についても取り上げたい。少子高齢化の日本では、外国人の労働力に頼らないと、日本経済が回っていかない。二〇一九年四月には、外国人労働者の受け入れ拡大を目的とした改正出入国管理法が施行されたので、今後、日本で働いて日本で結婚して、子どもを生み育てる在留外国人が増えることが予想される。これまでも在留外国人の子弟が名古屋外大には多く在籍したが、今後さらに増えるであろう。私のゼミでも毎年一人程度は、日系ブラジル人の子弟、両親の国籍が日本と違う学生がいる。とくに愛知県は製造業が多いため、外国人住民数が東京に次いで日本で二番目に多く、二十六万人(二〇一八年十二月末)が住んでいる。愛知県の総人口が七百五十万人だから三パーセント程度であるが、今後さらに上昇する可能性が高い。そうした在留外国人の子弟は名古屋外大を選ぶ傾向が強いようだ。その理由としてキャンパスには多くの留学生や外国人教員も多いため、彼らのバックグラウンドと近いこともあるだろうし、将来グローバルに活躍したいという学生も多いからだろう。在留外国人の子弟は、両親の母国語を話せる場合が多い。私の経験では、日系ブラジル人の学生は、ポルトガル語と英語を話すことができる。そうした日本とは異なる文化にも子どものころから慣れているので、日本人の子どもたちとは明らかに違う感性を持っていたり、行動をしたりする。彼らは、日本国内の国際化を進めるうえで貴重な存在である。ただし、彼らの問題は日本語力の方である場合が多い。大学の講義が日本語で行われるため、一年生のときには苦労する学生もいるのは確かだ。ただ、これからの日本企業は大企業であれ、中小企業であれ、世界に進出してビジネスをグローバル化させなければ生きていけない。そういうときに、日本で育ち日本語や日本文化も心得ており両親の出身地の言語と文化にも通じた人材は、貴重な戦力になる。そうした多文化を背景に持つ多くの学生は、将来、日本と両親の出身国との懸け橋になりたいという夢を持っていることが多い。少子高齢化を迎えている日本で、多文化に通じた在留外国人の子弟は、自社のグローバル戦略の遂行に不可欠な人財となることだろう。

ここまで女子学生と在留外国人の子弟を教えてきたことから、彼らを上手に活かすことができれば、日本企業を再生させる原動力になる可能性があることを述べてきた。

今後、大学で広報を教えながら企業の広報やマーケティングの顧問として、女性社員の力を引き出し、企業を活性化させるお手伝いをしていく予定である。この八年間で得た女性のパワーについての気づきを活かして、企業のマーケティングや広報活動の場で最大限に力を発揮させたいと思う。

大学と企業を行き来する人材がいることで、双方の問題点も理解し、ウィンウィンになるような関係を築くことも可能となる。企業人から大学教員になったときには、そこで得た気づきを社会や企業にフィードバックしてもらいたいと思う。そのような小さな積み上げにより、企業と大学の懸け橋になることが、企業人から大学教員になる人にしかできないことではないだろうか。

おわりに

二〇一九年一月の冬休み期間に、この出版企画を構想していた。冬休み明けに、ゆいぽおとの山本代表に提案して出版することが決まった。長期休暇のたびに執筆作業をしたが、夏休み後からの後期授業期間にも多くの出来事があったので、紹介したいと思う。そして、最後に「企業人から大学教員になりたいあなたへ」というタイトルに込めた意味について触れ、自分自身の今後のキャリアについて説明したい。

まず本業の四年生ゼミは、例年通り後期に卒業プロジェクトを行い、完成した。彼らの卒業プロジェクトは、三年生のときに菰野町主催のビデオコンテストにおいて優勝していることもあり、このプロジェクトのフィールドに菰野町を選び、女子大生目線で菰野町を旅する「菰野女子旅フォトブック」を制作した。現在はクラウドファンディングを活用して、菰野町の魅力を学生自らの企画として発信している。多くの方々に学生の企画に共感いただき、フォトブックを手にして菰野町を旅していただければ幸いである。

こうした活動をしながら就活も無事終わった。この代のゼミ生は八人中三人が客室乗務員志望だったので、どうなるか心配したが、三人全員が無事内定を得ることができた。これまでのゼミ生でも、各代一人ずつ客室乗務員を志望する学生がおり、これまでも全員合格している。しかし、志望者が三人となると、例年のようにはいかないのではと心配したが、一年間の留学経験とゼミのプロジェクト経験もある学生たちだったので、指導もスムーズで全員合格させることができた。客室乗務員は、今では最も得意な就活指導の業種といえる。

次に社会貢献では、二〇一九年は大きな進展があった。二〇一五年より「鉄のまち」として有名な東海市のまちづくりアドバイザーを務めている。市長から観光に関してアドバイスを求められ、観光分野のアドバイザーに就任した。四年間の地道な取り組みが評価され、観光ビジョン策定とリニア開通の二〇二七年を見据えた観光に関する長期計画を策定する委員会が東海市にできた。また、次のような観光の目玉になるような社会実験も行った。名古屋港にある工場群を見ながら、船で巡る夜景を楽しむツアーである。観光に全く取り組んでこなかった東海市で、観光をテーマにまちづくりを進めるのは難しい課題だったが、何とか形が見えるところまできた。公害のイメージで長い間苦しんだ四日市港がナイトクルージングで再生したように、東海市もこの夜景ツアーで「鉄のまち」から観光を楽しめるまちに進化すれば嬉しく思う。

二〇二三年技能五輪国際大会の愛知県誘致にも社会貢献として取り組んだ。開催都市を決める投票で、惜しくもフランスのリヨンに負けてしまったが、ロシアのカザンで開催された国を挙げての国際プレゼンテーションにゼミ生を司会として登壇させることができたのは意義のあるものだった。日本政府の代表安倍総理と経済界代表のトヨタ自動車豊田社長がビデオメッセージで登場した舞台で、私のゼミ生が司会を務めるなか、厚生労働省の根本大臣と愛知県の大村知事がプレゼンテーションを行った。東京二〇二〇オリンピック誘致プレゼンテーションを思わせるような英語での司会を、ステージで堂々と行ったのである。このゼミ生による司会は、関係各所から高い評価を受けることとなった。世界に日本の魅力を発信する役割をゼミ生が務め上げたことは、指導する教員冥利に尽きる。また彼女の今後の人生においてもこうした国際舞台における経験は必ず役に立つであろう。

研究においても進展があった。菰野の邸宅*の蔵で見つかった古文書の翻刻を名古屋市博物館元学芸員の研究者が完成させたので、編集して一冊の本にまとめた。本のなかには横山家の永禄七年から明治までのファミリーヒストリーに加えて、菰野藩の藩主からの消息、伊勢国の古地図など歴史的にも価値がある資料が多数含まれているので、菰野町と三重県の図書館だけでなく、東京大学史料編纂所、早稲田大学や慶應義塾大学の図書館にも寄贈した。この本がきっかけとなり、新たな郷土史の発見や各分野の専門家の研究に資すれば幸いである。

＊　二〇一九年十一月十五日に開催された国の文化審議会で登録有形文化財（建造物）として文部大臣に答申が行われた。今後、研究した古文書とともに、文化財となる邸宅を地域資源としてプロデュースする予定である。

さて、これまでお付き合いいただいた読者に感謝申し上げたい。「企業人から大学教員になりたい」あなたは、この本を読まれて大学教員になりたいと思ったのか。それとも自分の大学時代のような教員のイメージと違い、多忙を極める大変な職業だということであきらめたのだろうか。手にしていただいた読者に読後感を聞きたいものである。タイトルを「企業人になりたいあなたへ」と限定したのにはそれなりの意味がある。自分自身が企業人から大学教員になり、これまで多くの企業人にどのようにすれば大学教員になれるのか、大学教員は楽しいか、などと、大学教員という職業について聞かれることが多かった。それに対する私の答えがこの本である。日本政府のお役人（いわゆる霞が関のキャリア官僚）の場合、予算と引き換えに大学側がポストを用意することが多くあり、私の経験とは全く相入れない「お客様待遇」が保証されている。任期付きなどいろいろな制約はあるにせよ、特権階級のお役人とは違い、企業人は自分の力で道を切り開かなければならない。大学業界は現在、企業の経営手法をあらゆる局面で必要としている。企業人こそ大学業界にどんな形でもいいので、参加してもらいたいという思いから、タイトルを社会人ではなく企業人に限定したのである。

電通退職を決めた八年程前、周りの知人や友人には、「電通を退職するなんて、もったいない」という言葉を多くいただいた。しかし、これまで述べてきた専任教員としての活動は、電通社員のままでは経験できないものだったし、自身の視野を広めることができたので、後悔はしていない。むしろ貴重な経験をさせていただいたと思っている。ただ、もう少し大学教員について前もって調べていれば、特任教員という選択を思いついただろう。大学運営や入試業務を外れ、教育と研究に専念できたかもしれない。電通社員時代に名古屋外大の客員教授だったときには、専任教員の問題点は見えなかった。もちろん、専任教員の醍醐味も味わうことはなかった。もし、この本を読まれて、それでも大学教員になりたいと思ったなら、次の本をおすすめしたい。『社会人教授入門—方法と戦略』（松野弘　二〇一九年）である。この原稿を書いている途中に出会った本だが、社会人が大学教員をめざす場合の正しい道についても書かれているし、私の個人的な経験談だけでなく、多くの方の事例も参考にすることができる。大学教育を専門とする視点から書かれている本なので、ぜひ読んでいただきたい。

最後に、自身の今後の大学教員キャリアについて話をして筆をおきたい。八年間専任教員として教育、研究、社会貢献、大学運営にまじめに従事してきた。大変忙しいなかにも充実した八年間であった一方、企業のマーケティングや広報コンサルテーションを通して、気がついたことがある。それは、電通時代に仕事をさせていただいた大企業には、当たり前のように広報機能を有して広報を担う組織があるが、世の中の九十五パーセントを占める中小企業の多くは、そうした機能と組織がないということである。そうした中小企業に対して、学生に広報を教えてきたように、広報業務について地道に支援をしていきたいと思うようになったのである。また、地方自治体も同様である。電通時代に広報支援業務を経験した日本政府や大規模な自治体と比べ、小規模自治体や地域には、広報を活用したまちづくりなどの知見や経験がないことにも気がついた。これまで以上に企業顧問や講演を増やせば多忙を極め、国際教養学科の「学生ファースト」を維持できなくなる。結果として学生に迷惑をかけることになるため、二〇二〇年三月末に名古屋外大を退職することにした。ただ、大学において教育は続けたいので、四月からも名古屋外大でかつてのように非常勤講師として地域プロデュース演習と広報論を教える予定である。

そして新たに、退職を決めた後に二大学で教えることが決まった。一つ目は、電通社員時代に六年間にわたりコミュニケーション業務を担当した東海学園大学である。自身が卒業した東海高校の系列になる。「ともいき（共生）」の理念を掲げ、新たに地域連携に力を入れるという大学の姿勢に共感し、ご縁をいただくこととなった。現在の学長は、前名古屋市長として名古屋市を環境首都に押し上げた松原武久氏である。藤前干潟の埋め立て工事を中止し、名古屋市のごみ行政から環境政策を日本でトッププランナーに育てた同氏を電通時代から尊敬していた。四月より、地域連携を教育プログラムに組み入れ、環境問題を〝後輩〟たちに指導していく予定である。二つ目は、これまで働いたことがない関西地区で働いてみたいと思っていたところ、ご縁をいただいた京都造形芸術大学情報デザイン学科である。学科長は、電通本社時代に九年間にわたり、お仕えした元上司である。情報デザイン学科だけあり、将来、広告会社、テレビ局、企業の宣伝部などを志望する学生が多いので、電通時代の経験と人脈を活用し、キャリア支援をしていきたいと思う。

今後は、三大学で三日間非常勤講師として教えるのに加え、広報コンサルタントとして企業と自治体の広報支援を行いながら、日本各地で講演活動をできればと考えている。専任教員は、教育だけでなく、研究、大学運営もこなさなければならない、いわば守備範囲が広い職種なのである。しかし、非常勤であれば、教育だけに集中して取り組むことができる。昔から「強みを活かし、選択と集中」を信条としてきたので、自分自身がこれまで築いてきたキャリアである「広報」領域において、教育とコンサル、講演に集中するキャリア人生を歩んでいきたいと思う。

末筆ながら、この出版企画をお引き受けいただいた山本直子代表に感謝申し上げたい。軽いノリの出版企画から本格的な教育論に近い本にすべきだとアドバイスをいただき、無事書き終えることができた。名古屋発で良質な本を出し続ける姿勢に共感して今回の執筆に至ったが、この本がその一助になれば幸いである。今回の本は名古屋外国語大学の八年間の経験がなければ始まらなかったので、こんな私を専任教員として採用いただいた中西学園理事長はじめ教職員に厚く謝意を表したい。

横山陽二（よこやま　ようじ）
一九六八年名古屋市生まれ（本籍地　三重県菰野町）。一九八七年東海高校卒業後、早稲田大学政治経済学部政治学科入学。米国留学を経て一九九二年同大学卒業。同年株式会社電通入社。二〇〇九年本社ソーシャルプランニング局地球環境プロジェクト室専任部長、二〇一〇年本社ソーシャルソリューション局ソーシャルビジネス開発部部長を歴任。二〇一二年同社を退社、名古屋外国語大学現代国際学部准教授に就任。二〇二〇年三月名古屋外国語大学を退職。四月東海学園大学経営学部客員教授、京都造形芸術大学情報デザイン学科客員教授に就任。またフリーの広報コンサルタント／プロデューサーとして活動中。企業の広報、マーケティング顧問多数。
主な著書（企画編集含む）に『名古屋いい店うみゃー店』（二〇〇五　文藝春秋）、『広報力が地域を変える』（二〇〇五　日本地域社会研究所）、『地域プロデュース入門　元気な地域はこうして創る』（二〇一五　中日新聞社）、『横山一格先生』（二〇一八）、『菰野横山家蔵古文書の翻刻～永禄（重廣）から明治（久平）まで』（二〇二〇）など。共著に『松下政経塾　講義ベストセレクション　地方自治編』（二〇一〇　国政情報センター）、『世界教養72のレシピ』（二〇一八　名古屋外国語大学出版会）、『学びの技法』（二〇一九　名古屋外国語大学出版会）など。

表紙カバー写真協力　三重県菰野町
装丁　小寺　剛（リンドバーグ）

企業人から大学教員になりたいあなたへ
—元電通マンの大学奮闘記—

２０２０年４月24日　初版第１刷　発行

著　者　横山陽二
発行者　ゆいぽおと
〒４６１-０００１
名古屋市東区泉一丁目15-23
電話　０５２（９５５）８０４６
ファクシミリ　０５２（９５５）８０４７
http://www.yuiport.co.jp/

発行所　ＫＴＣ中央出版
〒１１１-００５１
東京都台東区蔵前二丁目14-14

印刷・製本　モリモト印刷株式会社

内容に関するお問い合わせ、ご注文などは、
すべて右記ゆいぽおとまでお願いします。
乱丁、落丁本はお取り替えいたします。
©Yoji Yokoyama 2020 Printed in Japan
ISBN978-4-87758-486-3 C0036
JASRAC 出 2003032-001

ゆいぽおとでは、
ふつうの人が暮らしのなかで、
少し立ち止まって考えてみたくなることを大切にします。
テーマとなるのは、たとえば、いのち、自然、こども、歴史など。
長く読み継いでいってほしいこと、
いま残さなければ時代の谷間に消えていってしまうことを、
本というかたちをとおして読者に伝えていきます。